英和翻訳の複層アプローチ

A Multilayered Approach to
English-to-Japanese Translation

著 **マイケル・ブルックス**
Michael Brooks

Kurosio

This book is dedicated to:

The professors and classmates I had the honor of acquaintance and lasting friendship
in the Department of Hispanic Studies (espa75),
the Faculty of Foreign Studies at Sophia University, Tokyo

The genuinely generous and warm friends of Ina Valley, Nagano, Japan

My parents who willingly allowed me to explore anything I wanted to as a child
to form a broad base for my career options

and

Bob Dingfelder

本書は次の人々に献呈いたします。

巡りあいと絶えぬ友情という栄誉をいただいた
上智大学外国語学部イスパニア語学科の教授の方々と
クラスメートの皆さん（espa75）

純粋に寛大であたたかな長野県伊那谷の皆さん

子供時代から私の試したいことを何でも快諾してくれ、
後に私の人生における選択肢の幅広い基盤を築いてくれた両親

および

ボブ・ディングフェルダー

序文

1 本書の狙い

　本書『英和翻訳の複層アプローチ』の狙いは、英語から日本語への翻訳に必要な理論、方法論、および技法（応用）を多層的、系統的に説明することです。

　本書の内容は、著者の言語学基盤の研究に加え、英和・和英翻訳の翻訳者、翻訳講師、および講演者としての長年にわたる経験が基になっています。また、著者が 40 年以上のアメリカ合衆国での在住期間に収集・分析した生の言語データを活用しています。

2 本書の内容に関する経緯

　何年か前、私の住む北カリフォルニアで英和と和英の翻訳講座を開いた際、適切な教科書が見つからなかったため、私自身が教科書を書きました。2020 年には『英日翻訳の技術 ― 認知言語学的発想！』（くろしお出版）という本を私が共著者として発表しましたが、その内容は私が講師を務めていた大学や翻訳学校の受講生のために書いた教科書と、共著者の認知言語学的考察を基にしたものでした。

　『英日翻訳の技術 ― 認知言語学的発想！』では、英和翻訳に際して重要な技術をかいつまんで紹介しましたが、翻訳の理論、方法論、技法の全体を網羅するまでには至りませんでした。そこで、私は網羅的、系統的な翻訳技術を参考書として紹介したいと思って本書を執筆しました。

『英日翻訳の技術 — 認知言語学的発想！』と本書には、内容がほんの一部重複しているところがあります。ただし、この重複部分に関しては、説明内容を推敲・追加し、例文はすべて新しいものに更新してあります。

3 対象読者

本書は、職業としての翻訳者を目指す方、および翻訳技術を復習したい実務翻訳者はもちろん、他にも英語学習者、英文読解力を高めたい方、および日本語の書き方を上達させたい方にも大いに役立ちます。特に英文解釈力の向上に興味のある方に対して、翻訳者であるかどうかにかかわらず、新鮮な情報を提供できるよう、英文解釈の分野にも注力して執筆しました。

4 本書で扱う翻訳の方向

本書は日本で刊行するために日本語で著作したという背景もあり、対象読者のおおむねが日本語を母語としていることを前提としています。日本語を母語とする人々が得意とし、またその人々の需要が高いのは英語から日本語への翻訳です。したがって、本書では英語から日本語への翻訳、すなわち英和翻訳について説明します。英和翻訳と和英翻訳に関する詳細は、第Ⅰ部：第1章の「2　どの言語からどの言語に翻訳するべきか」を参照してください。

逆の方向、つまり日本語から英語への翻訳の需要も高いのですが、和英翻訳の場合、英和翻訳のノウハウをそのままひっくり返して使うわけにはいかないため、和英翻訳に関しては期を改めて紹介したいと思います。

5 本書の独自性

5.1 英語圏（アメリカ合衆国）在住のバイリンガルの視点

著者の英和・和英翻訳者としての視点のみにとどまらず、英語圏在住のバイリンガルとしてのフレッシュな視点からも英和翻訳を検討しました。

5.2 汎用性

翻訳技術に関して市販されている書籍には、例文を文芸作品から引用し、文芸翻訳用に書かれたものが多いという傾向がありますが、本書は技術、ビジネス、フィクション、およびノンフィクションの各分野から例文を多く引用したことに特色があります。ここに収容した英和翻訳の説明は、産業翻訳、文芸翻訳の両方に活用できます。

5.3 リーダー・フレンドリネス

本書の内容は長年の経験から編み出した著者独自の翻訳理論、その他の翻訳理論、方法論、およびコミュニケーション理論や文化論に基づいた実践技術ですが、いわゆる学術書という形式にはせず、言語学、コミュニケーション学などの専門知識を持たない方でも十分わかるように配慮しました。

5.4 英文和訳過程の系統的説明

翻訳に関するトピックを論理グループごとにまとめ、系統的に説明することを目指しました。

5.5 英文和訳過程の多層的分析

職業としての翻訳は「意訳」です。直訳を越えてどのように意訳するかを、翻訳過程には複数の「層」（表層、深層など）があるという考えに基づいて説明してあります。

6 本書の利用方法

6.1 初めから終わりまで順序に従って読む

包括的な翻訳技術を系統的に身につけることができます。

6.2 具体的な技術項目を探して読む

いわゆる実務の参考書としての使い方で、翻訳実務中に知りたいと思った項目を探して読む方法です。

7 謝辞

　本書を著すにあたって多大なるご支援と激励をいただいた上、出版過程で私の至らないところを忍耐強くご指導くださった、くろしお出版の池上達昭氏に心から感謝申し上げます。

　また、サンフランシスコの Aisei Japanese Language Services のレガリア耀子社長は何年か前、私の翻訳講座を開くことによって私が翻訳に関する本を書くきっかけを与えてくださり、私の提案、方針、およびわがままを無条件に近い状態で受け入れてくださいました。同氏にも心から感謝申し上げます。

　最後になりますが（last but not least）、明治学院大学教養教育センターの大森洋子教授は、私の唐突で勝手なお願いを快諾してくださり、お忙しいスケジュールの合間を縫って本書第 I 部：第 3 章の「2.3　第 3 言語の素養」に、貴重なご意見をいただきました。同教授にはご面倒をおかけしたことをお詫びし、ご配慮に対して深く感謝申し上げます。

2023 年 5 月

Michael Neil Brooks

（小澤直幸）

California, U.S.A.

目次

Table of Contents

第I部
翻訳の背景知識

PART I
The Background Knowledge
for Translation

第1章
翻訳の基礎知識

Chapter 1
Essential Knowledge of Translation

1　職業翻訳の種類

　職業翻訳の世界には、大きく分けて文芸翻訳と産業翻訳があります。文芸翻訳は出版翻訳とも呼ばれ、その名の通り出版された本を訳すものです。下表のような種類があります。

表1：文芸翻訳のいろいろ

文芸翻訳	・娯楽本（ミステリー、SF、ロマンス、ホラーなど）
	・ノンフィクション（ビジネス書、旅行記、伝記、啓蒙書、実用書、政治関連など）
	・児童文学
	・詩、純文学

　文芸翻訳における翻訳者の収入は原著者と同じく、売れた部数に対する印税収入です。したがって、翻訳者の収入もその本の売れ行きによって左右されます。仕事は、まだ翻訳されていない書籍を翻訳者自身が見つけて出版社に持ち込み、翻訳のお伺いを立てるという形式が主です。欧米諸国には昔から存在していた、いわゆる出版エージェントという代理業が、最近、日本にも登場してきたようです。文芸翻訳者は、このような代理業者を利用することもできます。

　産業翻訳はビジネス翻訳、技術翻訳、実務翻訳とも呼ばれますが、本書では総括して産業翻訳と呼びます。産業翻訳には、刊行本に自分の名前が載るという文芸翻訳の持つ華々しさはありませんが、機械翻訳がだいぶ発展してきた今日でも高い需要が続いています。就業形態については後述しますが、フリーランスか、または翻訳会社や翻訳需要の多い一般の会社・団体で「インハウス」（in-house）として働くケースが主です。印税収入と違い、仕上げた量に対して一定の報酬があるため、収入の面では比較的安定していると言えるでしょう。産業翻訳には次のような種類があります。

表 2：産業翻訳のいろいろ

産業翻訳	・法律文書（契約書、法律条項文など）
	・技術説明書（ハードウェア、ソフトウェア、家電製品などの使用説明書）
	・学術論文
	・特許申請書
	・医療・薬事（論文、薬品・医療機器の使用説明書など）
	・ビジネス文書（社内文書、ビジネス通信、報告書など）
	・新聞・雑誌記事
	・観光資料
	・映画字幕、ゲームソフト、歌詞、漫画

　文芸翻訳と産業翻訳は本質的に異なった翻訳分野です。翻訳者には原文の意味の正確な伝達能力、および創造力が要求されるという点ではどちらも共通していますが、相違点はその創造力の使い方にあります。つまり、文芸翻訳では原文の内容を正確に伝えるだけでなく、目標言語での表現のあや、芸術性といったものを出すために創造力を駆使します。読者を感動させるのが大きな目的です。これに対して産業翻訳で要求される創造力とは芸術性ではなく、原文が伝えようとしている事実・見解などを正確に、簡潔に、また「自然な」ことばで訳す力です。ですから、産業翻訳は事実を客観的に伝達することに重点を置く分野であると言えます。

　文芸翻訳と産業翻訳以外に、コピーライティングという分野があります。翻訳業界ではこれを「トランスクリエーション（transcreation）」と呼ぶ人もいます。コピーライティングとは商品の広告・宣伝用の文句を創り出す仕事で、ある言語から別の言語に「翻訳」する必要性も、当然出てきます。ところが、宣伝文句というのは、たとえば英語の言っていることをそのまま忠実に日本語に訳しただけでは販促効果がない場合がほとんどです。これは、コピーライティングの主目的が、文芸翻訳における芸術性、または産業翻訳における純粋な意味でのコミュニケーションではなく、販売促進、または平たく言えば営利にあるからです。つまり、英文のコピー（宣伝文句）をそのまま日本語に直しても、両言語の背景となる文化が異なるため、その商品が売れるとは限りません。このため、コピーを訳すときは、原文の意味を大幅に無視し、商品が売れそうな文句をその目的言語の社会の文化の文化に合わせて創ることが頻繁にあります。この意味で、コピーの翻訳は、普通我々が「翻訳」と呼んでいるものとは大変異なります。

　今までに説明した 3 分野の相互関係を次ページに大まかに示します。中央の扇形の中が産業翻訳、左下の三角形の中がコピーライティング、および右下の三角形の中が文芸翻訳を表しています。

　この 3 つの比較対象分野のそれぞれを、私はメインセットと呼んでいます。この 3 つのメインセットの中に、サブセットが点在しています。各サブセットは、使われる文章の性質によってメインセット内の位置が違います。

　たとえば、娯楽本（ミステリー、SF、ロマンス、ホラーなど）とノンフィクション（ビジネス書、旅行記、伝記、啓蒙書、実用書、政治関連など）は、どちらも一般向けに出版されるという点で文芸翻訳の性質を持っている一方、いわゆる純文学ではないため、文芸と産業の両分野の中間に配置されています。また、ゲームソフト、映画字幕、および歌詞は、意味を正確に訳すというより、原文のだいたいの雰囲気を捉えながら、鑑賞者やユーザを感激させる、または印象づける必要があるため、産業翻訳とコピーライティングの中間に配置されています。さらに本という形で出版される漫画は 3 つの分野にまたがっています。なお、この図はあくまでもイメージ的なものであることをご承知ください。

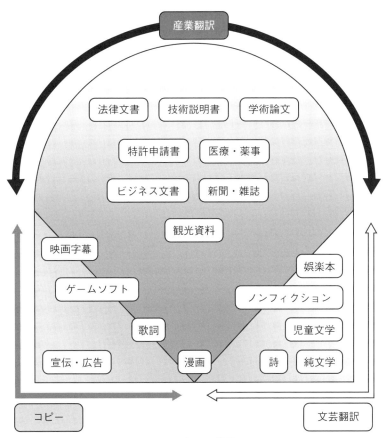

図 1：翻訳の世界

2　どの言語からどの言語に翻訳するべきか

　翻訳の元となる書類に使われている言語（「起点言語（source language）」
と言います）から訳す先の他言語（「目標言語（target language）」と言いま
す）に翻訳する際は、翻訳者自身にとって外国語（第 2 言語）で書かれた文
章から自分の母語に訳すというのが翻訳界の原則です。ヨーロッパおよびア
メリカではこの概念が徹底しており、翻訳者が自分の母語から母語以外の言
語に訳そうとしても、翻訳会社やクライアントが許さないのが普通です。そ
の理由は、翻訳者が自分の第 2 言語で文章を書いても、その第 2 言語の母語
話者が問題なく理解でき、かつ自然な文章を作ることは非常に難しく、その
レベルに達することができるとしても、達成に長い時間がかかるからです。
高い料金を払って翻訳を依頼してくるクライアントは、目標言語の母語話者
（それもジャーナリストのように文章を書くことに卓越している人）が書く
レベルを期待しますから、自分にとって外国語だから少しは変でも許してく
れるだろう、という甘えは絶対に通用しません。2 つの言語がほとんど同等
に使える、というバイリンガルの人は、ヨーロッパ系言語圏内では比較的よ
く見かけます。ところが、英語と日本語など、ヨーロッパ系言語と東洋系言
語間の翻訳をする人口について言うと、reading、writing、listening、および
speaking のすべてにおいて両言語で同等な力を持つ人は、まれにしかいませ
ん。東洋と西洋の言語構造、思考過程、文化などがあまりに食い違っている
ためです。が、完全な意味でバイリンガルの人達は、バイリンガルであるだ
けでは翻訳家として不十分ではあるものの、適切な訓練を受けて技術が上達
すれば、プロとして両方向の翻訳作業ができるはずです。

　したがって、英語と日本語の場合、日本で生まれ育ち、日本語を母語とす
る人は、英語の文書を日本語に訳すのが理想です。ただ、日本では、現実と
して日本人が日本語から英語に訳すという、欧米ではまず考えられない特異
な現象が起きています。これは日本がほぼ単一民族で成り立っている島国で
日本語以外の言語を母語とする翻訳者の人口が極端に少ないという背景があ
るため、必要に迫られて起こった現象だと思います。この弱点を補正する手
段として、日本の翻訳会社では、英語を母語とする人に日本人翻訳者が和英
翻訳した文章をチェックしてもらう「ネイティブチェック」という作業を工

程に入れています。ここで少々危険なのは、ネイティブチェックする人自身が翻訳家ではない、または日本語を解しない、ということが少なからずあるということです。その場合、そのチェッカーは原文である日本語を読まずに、英語だけを見て訂正するため、訂正した英文の意味が原文からそれてしまう可能性が非常に高くなります。日本人が和英翻訳した文章を「ネイティブチェック」する人は、その人自身が和英翻訳者であること、または少なくとも日本語を問題なく読める人であることが肝要です。

　逆の例もあります。私の住む北カリフォルニアでは、1990 年代初頭、日本語から英語への翻訳需要が減り、同時に英語から日本語への翻訳需要が大幅に伸びたため、英語から日本語への翻訳者が足りないという危機が発生したことがあります。アメリカでパーソナル・コンピュータが大きく発展し、その技術などを英語から日本語に訳す需要が高まった時代でした。そこで仕事が減って困った日本語→英語翻訳者（英語を母語とする人達）が、逆方向の英語から日本語の翻訳を手掛けようとする動きがありました。特にコンピュータのマニュアル類などは、内容が比較的平易で繰り返し表現が多いため、英語のネイティブスピーカーでも英語から日本語への翻訳ができるのではという希望を抱いたわけです。著名なアメリカ人翻訳者の方もそれに賛同していましたが、結果的には失敗に終わったようです。自分の母語から外国語へ翻訳して商品として売るということは、それほど難しいのです。

　現在はインターネット環境が整っていれば、理論上、世界のどこにいても翻訳関連の仕事ができる状況になっています。ということは、英語ネイティブの日英翻訳者は世界のどこに居住していても、インターネット環境さえしっかりしていれば仕事を受け付けることができます。ですからこの先、この状況が進めば、ネイティブチェックという余分な、しかも時間と費用がかかる手順は不必要になるのかもしれません。

　また、日本の人口構成は、少しずつではありますが変わってきています。移住や国際結婚による他民族の増加が見られます。日本において英語を母語とする日英翻訳者の数が需要に追いつくのも夢ではないのかもしれません。

3　職業翻訳プロセスの基本的な流れ

職業翻訳プロセスの基本的な流れは次のようになります。

図2：職業翻訳プロセスの基本的な流れ

　上の3つの作業は、翻訳業界では各々の頭文字を取って TEP と呼ばれています。それぞれの作業は違う人がするのが本来の理想です。最初に下訳と呼ばれる翻訳稿を作成します。次に編集に入ります。翻訳における編集というのは、下訳を読んで原文と照らし合わせ、原文の解釈や表現の適切性を調べる作業です。編集が済むと、校正作業に移ります。校正は内容には重点を置かず、句読点、誤字・脱字、レイアウトなどの細かい点をチェックする仕事で、翻訳の最後の仕上げとして欠かせません。

4　翻訳と通訳は似ているか

　外国語の専門学校や大学が翻訳のコースを提供している場合、通常は翻訳と共に通訳のコースも併設しています。翻訳、通訳のどちらも「言語を使った作業」という共通点に基づいて、翻訳と通訳の両方のコースを提供しているという事情なのだと思います。翻訳と通訳が隣り合わせになっている状況を知って、「翻訳と通訳の両方をマスターして、二刀流のプロになろう」と思った人達がいるかもしれません。もちろん、できないことはないと思います。でも、私が今まで様々な翻訳者と通訳者の能力や性格を観察してきた経験から言わせていただくと、翻訳と通訳というのは似ているようで似ていないものです。

　少なくとも2つの言語に精通していなければならないという点では、翻訳と通訳は共通しています。また、どちらの職業においても、扱う各言語の読み書き、スピーキング、およびリスニングのすべてに卓越していることが要求されます。ところが、実務で要求される能力を考えてみると、翻訳と通訳がどれほど違ったものであるかがわかります。

　まず、翻訳では、高い正確性が求められます。正確性は意味に限らず、目標言語の文の完全性・整合性、および固有名詞・職位名・銘柄名などの訳の正確性が含まれます。翻訳の仕事は、文章として（昔は）紙、または電子書類に残るため、対象となる原文書に関する詳細を勉強しないで翻訳作業をしていると、後で批判されるのがオチです。納期までの作業時間を最大限に利用して完成度の高い翻訳を心がけたいものです。

　ですから、翻訳者は詳細によく目が届き、どちらかと言うと完璧主義的な性格を持った人に向いているような気がします。翻訳者も通訳者も人の子、どちらの分野においても、完璧な訳を提供できることはあり得ませんが、翻訳の場合、完璧に近づけるために訳を磨く（推敲する）時間が、少しではありますが与えられます。

　これに対して、通訳は時間との争いです。職業としての通訳には同時通訳（会議通訳とも言われます）と逐次通訳がありますが、同時の場合は通訳ブースで発話者の声を聞いてすぐにマイクロフォンに訳を流します。逐次の場合は通常、通訳者は双方の対話者に向かって作業します。いずれの場合もほぼリアルタイムで商品（この場合は通訳サービス）を提供するという厳しい状況です。どの訳語が適切かと迷っている時間は一切ありません。この状況下では、人間のすることですから当然ミスもあり得るし、緊張と疲労の度合が相当高いことは容易に想像できます。

　通訳は商品の「納品」が即時的であるため、訳した内容に細かい点まで正確性や適切性を要求することは不可能ですが、それ以上に重要なことは、発話者の発言内容の要点、および日時、固有名詞、数字などに関する事実（factual information）をしっかり聴衆に伝えるということです。ですから、私が「通訳者に向いている性格は？」と訊かれたら、「鳥瞰図的な考え方をする人、つまり細部より大きな視点（big picture）から物事を考えるのが得意な人」と答えています。「口から先に生まれてきたような人が通訳に向いている」と冗談で言うこともあります。考えずにすらすらことばが口から出てくるという人でないと、通訳は務まらないからです。

　詳細に目が届く性格（＝翻訳）と、物事を鳥瞰図的に捉える性格（＝通訳）のどちらも兼ね備えている方もいらっしゃると思いますが、翻訳・通訳に関して言えば、そういう方はまれです。読者の皆さんには、自分がどのような

シチュエーションに強いかを考えて職を選んでいただきたいと思います。

5　イギリス英語、アメリカ英語、国際英語など

　英語は世界の共通語に近くなったと言われてから久しくなりますが、英語という言語が世界中にある程度浸透した故、国や文化によって異なる種類の英語が生まれてきました。この状況は、たとえば日本語などの同一言語の中に存在する複数の方言と同様であると考えることはできません。日本語の場合、たとえば沖縄地方出身の人同士が沖縄方言を使って話している場面を想像すると、沖縄方言に関して知識がない人にとって、この会話はいくら同じ日本人でも非常に聞きづらいものです。それでも、沖縄の人達も同じ日本人であるし、文化的にもある程度、他の都道府県の人達と共通点があります。テレビなどのメディアでの標準語放送もとっくに普及しています。ですから、沖縄の人達は沖縄以外の出身の人と話すときは標準語（あるいはそれに近いことば）で意思伝達ができます。

　ところが、いくら同じ英語を話す、書くと言っても、国際場面においてそれを話したり書いたりする人々の民族性（ethnicity）、文化、母国語がばらばらである現状では、コミュニケーションがスムーズにいかない場合も多々あります。意思伝達をスムーズにするために頼りにできる文化の知識も違い、母国語の発音（特に母音の数、子音発音の重要性など）も違うとなっては、同じ「英語」でも、コミュニケーションに支障が現れてくるのは必至と言えます。

　通訳業を経験した方はすでにご存知と思いますが、英語と日本語の通訳サービスを提供する場合、英語側のクライアントにとって英語は第 2 言語という場合が頻繁に起こります。こういった場合、その国の文化、英語発音の「くせ」などをよく知らないと、通訳者はたちまち無言になってしまいます。要するに、相手の話す英語が理解できないのです。言うまでもなく、通訳業において、これは大きな問題になります。

　このように英語を使用する人々の民族性、国、および文化圏が広まってきたため、「国際英語」という観念が生まれました。世界レベルで誰もが理解しやすい、いわゆる標準英語を使いましょうという動きです。この標準英語

では文法が簡略化され、特殊文化に基づいた表現を使いません。とにかく意思伝達を優先して、平易な英語を使うというのが主旨です。願わくは、英語圏の原文筆者も翻訳の際の支障を最小化するために国際英語を使ってほしいのですが、現実は今のところ厳しいようです。

6 翻訳者の役割

6.1　どの種の翻訳もコミュニケーションが主目的

　先ほども述べましたが、文芸翻訳、産業翻訳共通の大前提は、原文の意味を別の言語で正確に伝えることです。つまり、コミュニケーションが目的です。原文の著者が言おうとしていることを、読者が理解できるように訳して提供するのが翻訳者の役目です。産業翻訳の場合、クライアントは原文の内容を理解したくて翻訳者に依頼するのですから、できた翻訳がチンプンカンプンでは目的を達成したことになりません。

6.2　難しい原文は難しく訳すべきか

　たとえば、学術書などで、非常に複雑な文構造といかめしいことばをふんだんに使った原文があるとします。それでは訳もわざと難解な文構造と単語を使うべきでしょうか。答えは大きな「ノー」です。翻訳は原著者の言いたいことを読者にわかりやすく、正確に伝えるのが目的ですから、原文が難しいからといって訳を故意に読みづらくしたり、難解なことば（専門用語は別として）を無理に使ったりしたら、本末転倒です。原著者と読者の橋渡しをするはずの翻訳者が、かえって意思伝達の橋を壊すようなことになるからです。「しかし、原文が難解であったら、その難解なスタイルと雰囲気を伝えるのも翻訳者の使命ではないのか」と言う人もいるでしょう。確かに、文芸翻訳では原著者のスタイルを尊重するべきです。でも、そのために意味が伝わらなかったら、どうしますか。せっかくの翻訳作業も、読者に理解してもらえなくては、骨折り損のくたびれ儲けというものです。

　ノア S. ブラネン、澤登春仁共著『機能的翻訳のすすめ』（バベル・プレス、1988 年）という翻訳についての啓蒙書があります。その中で、翻訳者の基本的姿勢について著者達は次のように述べています。

　　いかなる文もそれが受けとめられなければコミュニケーションが成立したとはいえないとするならば、翻訳者は、翻訳の受け手（読者）の受容能力にもっと注意を向けるべきだということになる。翻訳者が自分だけ原文の内容を理解しているだけでは不充分である。原文の意味内容をなんの歪みもなく読者が理解できるような方法で伝えることができなければならない。
　　したがって翻訳者は原作者と同じ壇上から発信するだけでなく、壇から降りて聴衆（読者）の立場に身をおいて原文の意図するものが的確に受けとめられているかどうかを自省しながら仕事をすすめなければならないということになる。受け手（読者）の立場など考えないで「これは名訳だ！」などと言って悦に入っている時代は終わったというべきであろう。

　まさにその通りです。本書では様々な翻訳分野の文章から例を引用していますが、どの分野の文章でも一読して意味が明確にわかるようにすることが翻訳者の目標です。訳すとき、また推敲するときは、この目標を常に念頭においてください。

6.3　翻訳者の透明性

　翻訳する際にもう 1 つ大切なことは、翻訳者は透明であるべきということです。ここで私が言う「透明」の意味は、翻訳者自身の考えを勝手に挿入しないということです。翻訳者は縁の下の力持ちです。舞台の裏方さんに例えることもできます。舞台演劇では、裏方さんや舞台の袖で出番を待っている役者は、観客には絶対見られないように隠れている、という鉄則があります。舞台で繰り広げられている物語と関係ない人物が、たとえ横の方からであってもちらちら見えていたのでは観客は気が散るし、だいたい theater という illusion の効果が台無しになってしまうからです。
　翻訳の世界で言えば、たとえば翻訳者が特別に興味を持っていたり、強い

意見を持っていたりするようなトピックを訳すときは、知らず知らずのうちに翻訳者自身の考えを訳に投影してしまいがちです。これは厳に慎むべきです。どうしてかというと、くどいようですが翻訳者の役割はあくまでも原著者の意思を正しく伝えることであるからです。たとえ原著者の意見が間違っているとか、自分の考えの方が優っているなどと感じても、自分の考えは抑えて、原著者の伝達内容をそのまま訳さなくてはなりません。翻訳者は舞台の裏方さん、黒子。自分を客に見られてはいけません。

　では、こういう場合はどうでしょうか。自分が得意な科学分野の翻訳をしていて、少々古い情報が書いてあったとします。気を利かせてその情報を改めて新しい情報にしてあげるべきでしょうか。答えは条件付きのノーです。古い情報だと読者から批判があったとしたら、責任は原著者にあるのです。翻訳者が勝手に情報を追加したり変えたりしたら、その部分に関して何か問題が起こったときに翻訳者の責任になります。原著者の怒りを買うことも必至です。更新する必要があると思う情報を見つけたら、原著者または依頼人（クライアント）に連絡を取り、処置方法をきいて、向こう側の指示に従うことです。翻訳者が勝手に内容を変更してはいけません。

　私が言おうとしているのは、先ほども述べたように、翻訳者の個人的な考えは挿入するべきではない、ということです。ですから、明らかな誤植、普遍事実に関する誤り、または歴史上の出来事が発生した年の誤りなどは、クライアント側の承諾を得た上で、訂正するべきです。

　理論倒れにならぬよう、例を 1 つ挙げます。

例文 1 ［ある小説の冒頭における、中心人物の生活の叙述］

原文　　During winter, it was the war veteran's daily delight to sit in a chair on the porch and glance over the picturesque distant mountains. During summer, he would go out to the little gazebo in his garden to watch colorful wild ducks at play in the pond.

試訳　　冬の間、この退役軍人はポーチにある椅子に座って、絵に描いたような遠くの雪山の数々を見渡すのが毎日の楽しみだった。夏には、庭にある小さなガゼボに出て行き、孔雀のように綺麗な色をした野鴨が池で遊ぶ様子を見ていた。

　試訳中の 2 つの下線部に注目してください。最初の下線部では、原文に the picturesque distant mountains とあるところを、試訳では「絵に描いたような遠くの雪山の数々」としてあります。季節が冬であり、「絵に描いたような」美しい山々ということから、翻訳者は雪が積もった山々を想像したのかもしれませんが、山に雪が積もっているということは、原文のどこにも書いてありません。このような表現が原文の雰囲気に合致するものであることは確かですが、かといって勝手に付け加えてしまったら、原著者の意図を正確に伝える、という翻訳の大原則に違反します。

　2 つ目の下線部は colorful wild ducks を「孔雀のように綺麗な色をした野鴨」と訳しています。鴨のオスは確かに色とりどりの羽で着飾っています。様々な色があるという意味では、孔雀の虹色の羽に似ているのかもしれませんが、原文では明らかに「孔雀」には言及していないため、この訳は失格になります。次のように訳すべきでしょう。

修正訳　冬の間、この退役軍人はポーチにある椅子に座って、絵に描いたような遠くの山の数々を見渡すのが毎日の楽しみだった。夏には、庭にある小さなガゼボに出て行き、色とりどりの羽で着飾った野鴨が池で遊ぶ様子を見ていた。

　また、次のような場合もあります。

例文 2
原文　　In the early years of the 20th century, parapsychologists attempted to prove the scientific nature of their field by using an electromagnetic device to record the voices of ghosts and compare them with those of living professional men.

試訳	20 世紀の初頭、超心理学の世界[1] では、超心理学の科学性を証明するために、電磁機器を使って幽霊の声を録音し、それを生きている<u>専門職に就く人達</u>の声と比較しようとした。
修正訳	20 世紀の初頭、超心理学の世界では、超心理学の科学性を証明するために、電磁機器を使って幽霊の声を録音し、それを生きている<u>専門職に就く男性</u>の声と比較しようとした。

　上の例の問題部分は professional men の訳です。試訳ではこれを「専門職に就く人達」としてしまったため、その性別が曖昧になってしまっています。もちろん、men は man の複数形ですから、「専門職に就いている（複数の）男性」と訳すのが正解です。この翻訳者は、man の意味を次のような場合と混同していたのかもしれません。

例文 3

原文　　Man landed on the moon in the 1960s.

　例文 3 にある man は、人類またはホモサピエンスという種の生き物全体を指す総合名詞です。「男」という意味はありません。ですから「人類」「人間」と訳すのが適切です。ところが、例文 2 の占星術の話に出てくるのは professional men という複数形ですから、明らかに複数の「男性」を指しています。

　以上述べてきたことは、英文の意味する範囲がどの程度であるかを把握することの重要性を示しています。英文解釈の問題とも言えます。

6.4　翻訳における完璧主義

　さて、翻訳者は下訳の他に、時々編集や校正の仕事もします。先日、ある編集を終えたときに私がびっくりすることがありました。私が編集した下訳の翻訳者が次の発言をしたと第三者から聞いたのです。「後で（頼りになる）

1　parapsychologists が「超心理学の世界」と訳されていることに関しては、第 II 部：第 3 章「5 職業人と職業分野の関係」を参照してください。

編集者がチェックしてくれるから、私の訳はちょっとぎこちないものでもいいだろう」。つまり、この翻訳（下訳）者は油断して手を抜いてしまったわけです。こういう態度で仕事に臨むのは unprofessional もいいところです。職業翻訳では、もともと下訳の段階ですでに 80% 〜 90% 程度完成していることが望まれます。そうでなければ、他の翻訳者が初めから訳し直した方が合理的だからです。また、編集者も人の子、いかに下訳の質が悪かったかを当然クライアントや翻訳エージェンシーに伝えます。狭い翻訳の世界にその噂が広がり、やがてその翻訳者に仕事が回ってこなくなる、ということは現実に起こっています。

　完璧というのは単なる理想であり、達成し得ないものと考えてあきらめていたら進歩は望めません。下訳をするにしろ、編集や校正をするにしろ、結果的に完璧にならなかったとしても、完璧を目指して努力するのがプロです。質が落ちれば信用に影響するからです。翻訳も普通のビジネスと同じですから、甘えや心の緩みは絶対に許されません。厳しいように聞こえますが、考えてみればビジネスの世界ではこれが当然と言えるでしょう。

第2章
日本の英語教育事情と翻訳

Chapter 2
English Education in Japan and Translation

1　日本における英語教育の歴史的背景

　近代史上で日本人が本格的に英語を学び始めたのは、200 年余にわたって続いた、いわゆる「鎖国」状態が解かれた 19 世紀後半以降であるとされています。その後、明治維新前後から、ヨーロッパから医学、天文学、化学などに関する書物が多数日本に輸入されるようになり、それを日本人大衆のために翻訳する需要ができたのが、近代日本の翻訳業の始まりと言えるのかもしれません。

　明治維新になり、文明開化と呼ばれる文化的な変革が始まると、それに伴って西洋語がどっと日本に流入し始めました。その中でも英語の将来性を認識した日本の知識層の影響により、明治時代の尋常小学校では一時期英語が教えられたこともあると言われています。その後、第二次世界大戦の際に敵国語として排斥されるまで、英語は日本の教育制度の中に植え付けられることになります。第二次大戦後、英語は再び外国語の代表として日本の教育課程の必修科目になりました。

　この背景の中で日本人が習った英語は、一体どういうものだったのでしょうか。幕末から明治時代にかけては、英語を母語とする人達と会話して意思伝達する必要性は、政治、貿易関係の世界以外ではほとんどなかったと言えます。その代わり、主に学術書、技術書として入ってきた洋書を判読する必

要が高まり、とりあえず欧米語から日本語への翻訳が始まりました。英語も
その1つで、英和翻訳の近代史は、ここから始まります。つまり、近代・現
代日本人の英語の勉強の始まりは話すことではなく、読んで理解することで
した。

　やがて学術書以外に文学書も輸入されるようになると、欧米語から日本語
に翻訳する過程で、その都合上「翻訳語」と言われる書き方が出現しまし
た。例を2つ挙げます。1つ目は、たとえば英語の代名詞の he、she を「彼」
「彼女」と訳すことです。欧米語では、この種の代名詞が頻繁に出てきま
す。日本語にはそれまで he、she に充てる適切なことばがなかったため、背
水の陣の心持ちで捻出したのが「彼」「彼女」でした。現在では「he＝彼」
として使われていますが、実はこのような裏話があったのです。

　2つ目の例は、関係代名詞節 the resort that I visited last year を「私が去年
訪れたところのリゾート地」と訳したりすることです。that I visited last
year が the resort を形容（修飾）していることを表すために、that をわざわ
ざ「〜ところの」として訳出したわけです。

2　英語教育リソースの背景

　さて、英語は第二次世界大戦後に中学校、高校の必修科目となり、公立学
校を初めとして日本全国で英語教師の需要が高まりました。このとき、教え
られる程英語をよく知っている人達は、相当の数に上っていたと考えられま
すが、この人達が受けた英語教育は、やはり明治時代以降の主流であった
「読んで訳す」という、ある意味では偏った言語教育でした。第二次大戦後
になっても英語を母語とする人と会話する需要は増えたわけでもありませ
ん。ということは、英語の教育現場では、話す力、リスニングの力、および
英作文の力に関してあまり教育を受けなかった教師が生徒達に教えていま
した。

　日本人の英文法に関する意識の高さは有名です。英語を母語とする人々の
中にも、たとえば its と it's の違いがわからず、"Its been ten years since I
purchased my current computer" と書いてしまう人が大勢います。まあ、日
本人でも「対象・対照・対称」の漢字の使い分けを間違えることがあるの

で、間違った英語を書く母語話者を指さして笑うことはできませんが、とにかく日本人の英文法の知識は立派とされています。これはやはり、今お話しした日本の英語教育の背景があるからだと私は思います。日本の英語教育は、必然的に英語文章の読解が柱になり、英作文、英会話、リスニングの分野は、ほとんど無視された形になりました。

　読んで訳すことを中心に勉強するということは、言ってみれば受動的な勉強の仕方です。受動的ということ自体が悪いのではありませんが、話す、書くという能動的な勉強もしないと、どうしても偏った能力しか身につきません。日本の従来の英語教育がこの能動面を軽視した結果、「英語が話せない」などという現象が起きたのだと思います。

3　学校英語および日本語の中の翻訳語

　それでも、文部省（現文部科学省）は英会話力、英語コミュニケーションという分野に力を入れなければいけないことを認識していました。JET プログラム（Japan Exchange and Teaching Program）というイニシアチブの基に、主に英語を母語とする海外の学生を日本に招待して教育機関や政府機関などに派遣し、日本人の英語教師のアシスタントとして働く制度が、早くも 1980 年代に発足しました。2000 年代に入ると、中学や高校の授業は原則的に英語を使うことを奨励するなど、今世紀に入ってようやく英語教育改革に拍車がかかったように感じます。

　さて、日本の英語教育はポジティブな方向に移ってきたものの、問題は、それまでの長年にわたる「読んで訳す」式の英語教育が翻訳の世界にどのように影響したかということです。結論から言うと、悪影響がまだまだ残っています。

3.1　学校英語と翻訳語の名残

　先ほど「he ＝彼、she ＝彼女」や「〜のところの〜」という類の、いわゆる翻訳語を紹介しました。翻訳語は多数ありますが、もう 1 つの例を挙げるなら、英語の助動詞 will の訳し方です。will については第 III 部：第 5 章「助動詞」で扱いますが、ここでは次の文を見てください。

例文 1

原文　　My mother will visit me next Tuesday all the way from Connecticut.

　これを従来の学校文法を使って訳すと、次のようになると思います。

試訳　　来週の火曜日に、母がはるばるコネティカット州から私に会いに来
　　　　るでしょう。

　翻訳のトライアル（翻訳技能試験）を閲覧していると、この種の翻訳を提
出する翻訳者が目立ちます。これは学校文法の影響と言わなければならない
と思います。

　学校文法において、will は、英語の動詞の前に付いて未来形を形作る助動
詞という役割で最初に登場します。will にはもちろんその他の意味もあるの
ですが、生徒はまず、未来が will の主な意味として覚えます。中学校など
の試験では、will が付いた動詞（will come, will play など）は未来の意味に
なるということを生徒が理解したかどうかを判別するため、will が付いたら
「～だろう、～でしょう」という日本語を使って訳し、未来の意味を伝える
ということになっていました。ですから、will の文を「～だろう、～でしょ
う」を使わずに「～です」などとすると、現在形と間違えているなというこ
とで×になるのです。

　ところが実際、この場合は「～です」が正しいのです。近々、母が遠方か
ら自分を訪ねてくるということは確かに未来において起こることですが、
「来るでしょう」という日本語にしてしまったら、「推測」していることにな
ります。この発話者は、自分の母がはるばる遠方から来ることを推測してい
るのではなく、来ることを知っているのです。多分、お母さんはもう飛行機
の予約・発券も済んで、我が子に会えるのを楽しみにしているのでしょうか
ら、自分としては、予期せぬ事件が起こらない限り、お母さんが来ることを
ほとんど確信していませんか。それだったら次の訳の方が適切だと思いませ
んか。

修正訳　来週の火曜日に、母がはるばるコネティカット州から私に会いに来
　　　　ます。

3.2　旧式英語教育の壁

　第二次大戦前後からの日本の学校での旧式英語教育は、言語であるという
特殊性があるにもかかわらず、理科、数学などの科学系の科目とほぼ同様
に、ある問いに対する答えは 1 つしかないと思えるような教え方でした。そ
の結果、本当の意味での言語習得には障壁となるようなことが多数あったと
思います。そのうちの 1 例を挙げます。

　ある日本の中学校で、3 年生の英語のテストに、次の問題が出ました。

　　次の英文のかっこ内に当てはまる単語を書きなさい。
　　Daughter: Mother, may I finish my homework before dinner?
　　Mother: Yes, (　　　) (　　　).

　これは生徒が助動詞 may の「認可」の意味を教わった直後のテストでし
た。先生の考えた正解は（Yes,）you may. でした。この先生は、誰かが May
I ... ? と訊いたら、相手は Yes, you may. か No, you may not. のどちらかで答
えるという、数学の方程式的なルールを教え、それに関する生徒の理解度を
テストしたかったのです。また、こういう内容のテストにしなさいというこ
とが、そのころの指導書に書いてあったのかもしれません。

　さて、このクラスには、つい 2、3 日前に転校してきた生徒がいました。
この子は前の中学校で may のことは教わっていたので意味はよく理解して
いました。この子の書いた答えは Yes, please do. でした。そうしたら、先生
はこの答えを×にしました。Yes, you may. という「方程式」の項に当てはま
らないからです。実社会で、May I ... の答えとして Yes, please do. は普通に
使われます。私は、この子の創造性を讃えたいほどです。ところが、融通の
利かない教え方であったために、ネイティブスピーカーが胸を張って正解と
言える答えが、このテストでは×になったのです。

　私に言わせれば、これは本末転倒です。ことばという流動性のある代物を教える際は、それに適した教え方があるはずです。それが「右に倣え」的に、まるでかけ算の九九のように教えられていたこと、またこの先生が悲しくも英語の実情を知らなかったことが、この間違いの大きな原因です。こういう教育を受けた方々は、自分では気づいていないかもしれませんが、頭のどこかにこの「硬い」姿勢がこびりついているように思います。

第**3**章
職業としての翻訳

Chapter 3
Translation as a Profession

1　職業としての英和翻訳における英文解釈の位置付け

　職業翻訳では、起点言語と目標言語両方の構造、語法、意味などすべての面を習得していることを前提にしているため、英文解釈は、本来、英和翻訳の技術の分野には入りません。英文解釈は翻訳の技術を学ぶ前にマスターしておくべき項目（a prerequisite）です。でもやはり現実は厳しく、起点言語（本書読者の場合は英語）の文章解釈を本当の意味で 100% マスターした翻訳者はほとんどいないと言ってもいいかもしれません。本書では、この事実を踏まえた上で、読者の英文解釈に役立つよう、原文（英文）に関する説明を随所に施してあります。

　以上のことを念頭に置いた上で、プロとして英語から日本語への翻訳をするには、基本的に次に述べる能力が必要です。

2　職業翻訳者に要求されるもの

2.1　英文解釈の力

　まず考えられるのが英語を理解する力ですが、ここでちょっと一言。翻訳家志望者に志望の理由を訊くと、英語が好きだから、得意だからという答えが一番多いのですが、その英語力の裏付けは何かという問いに対してよく

返ってくるのは以下の答えです。

　　・英語圏からの「帰国子女」だから
　　・英語圏の高校や大学に留学していたから
　　・日本の高校や大学で英語が得意だったり専攻したりしたから
　　・英語圏の人と結婚していて英語は身近に接しているから
　　・会社の海外勤務で英語圏に数年いたから

　こういった履歴や状況は翻訳するにあたってマイナスになることはありません。が、はっきり言うと、こういった履歴があるから、こういった状況下にあるからと言っても、それが英語を真の意味で理解している証拠にはなりません。アメリカに何十年住んでいても英語の解釈力がまるっきりという人もいます。日本で外国語として習った英語の教材は理解できても、生きている英語、つまり実際に生活の場で使われている英語には弱いという人もいます。また、アメリカ人と結婚していて英語には不自由しないから、と安心してはいけません。アメリカ人と日本人が結婚すると、コミュニケーションは通常、英語で行いますから、英語を話すという点で練習を積んでいることにはなります。ところが、いくら英語でコミュニケーションする練習をしていても、そのコミュニケーションがどの程度正確であるか、英語のネイティブスピーカーの意図をどの程度理解しているかの指針にはなりません。というのは、翻訳の世界では「正確」かつ「精確」な英文解釈が要求されるからです。要するに、英語が得意であるとか、英語圏での生活経験が長いとかということは、職業としての翻訳をするにあたってそれだけでは十分ではありません。それより、自分がどの程度、実社会の英語（ビジネス、文学、専門分野、日常関連書物など、特に書かれた英語）を理解しているかを客観的に検討し、その結果を把握していることが重要です。また、語学力には個人差がありますから、前掲のような履歴を持っていたり、好都合な環境にいたりしても、実際の英語力は、その人によってだいぶ違います。ここで私が申し上げたいのは、意識的に英語を解釈する努力をするということです。意識的努力もないまま、また目的もないまま英語圏に何年住んでも、好結果は期待できません。

2.2　日本語の表現力

　次に問われる力は日本語の力です。「日本で生まれ育ったから日本語は大丈夫」と思っている人はいませんか。日本出身であれば日常のコミュニケーションは日本語で不自由なくできる、というのは確かにあたりまえですが、翻訳は話す作業ではなく書く作業です。文書に使うことばはおのずと話しことばとは違います。クライアントは高い料金を払って翻訳を依頼してくるのですから、翻訳者の側もそれ相当の文を書く能力が要求されます。翻訳者はジャーナリストやテクニカルライターと同じで、正しく、簡潔で読みやすい文章を書き、かつそれぞれの文書に適切な表現やスタイルを使わなければなりません（小説などのフィクション、つまり文芸作品を訳す場合は本章の「職業翻訳の種類」でお話しした通り少々事情が違いますが）。友達に手紙を書くのと同じというわけにはいきませんから、これもやはり意識的な努力が必要です。

2.3　第 3 言語の素養

　実際に翻訳の対象とする 2 つの言語（本書の読者の場合は英語と日本語）の他に、第 3 の言語を知っていることは、翻訳者にとって重要です。第 3 言語は、第 2 言語（本書の読者の場合は英語）のように詳細までマスターする必要はありません。簡単な書物を読解できる程度でも役に立ちます。マスターもしていない言語がどうして翻訳に役立つかというと、翻訳対象の 2 つの言語という二次元的な世界から抜けて、言語というものを三次元的な、つまり立体的な視点から眺めることができるからです。写真を撮るときに使う三脚が二脚では倒れてしまって機能しないのに似ています。翻訳のプロセスを説明する際、私は「発想転換」「ひらめき」ということばをよく使いますが、これは第 3 言語ひいては世界の言語体系に関する知識から来る場合も多々あります。

　第 3 言語は大学とか語学学校でしか学べないというわけではありません。テレビ・ラジオの講座などで独習したり、趣味サークルに参加したりして、その文化を楽しみながら身につければよいでしょう。

　第3言語、つまり第2外国語を学ぶことに関し、明治学院大学教養教育セ
ンターの大森洋子教授から次のご意見を頂戴したので、紹介します。

§§§§§

複言語能力～複文化主義の視点から～

　昨今、英語などの外国語の運用能力を話題にするときにCEFRというこ
とばを耳にすることがあります。これは、Common European Framework of
Reference for Languages（ヨーロッパ言語参照枠）と言われるものであり、
ヨーロッパのなかでの平和維持を目標に掲げて、ヨーロッパの人々が自由に
行き来できる社会の実現、およびその実現に大きな役割を持つ言語運用能力
の育成を目的に作られた参照基準です。本屋さんで見かける様々な外国語上
達のための本にレベル指標としてA1、A2、B1、B2、C1、C2のように記述
されています。これはスピーキング、ライティング、リスニング、および
リーディングについてレベルごとに何ができるのかを詳細に示したものです
が、このヨーロッパ言語共通参照枠（CEFR）の特徴はこの言語指標だけで
はありません。大きな着眼点は、言語を学ぶことにはどこかで終わりがある
わけでなく、学習者は対象言語の学び手であると同時に言語使用者として捉
えているところにあります。学習者が各外国語の個々の表現を習得する能力
は、独立した言語能力として存在するわけでなく、様々な言語に触れること
によって総合的な複言語能力を構築していき、その成果が個々のコミュニ
ケーションの場で活用されるという解釈です。
　日本語と対象言語を翻訳する際は、そのまま直訳するとどうも不自然な表
現になってしまうと感じたことはありませんか。翻訳に携わったり学校で文
法を学習したりするときは、日本語と対象外国語との違いを意識することが
多いでしょう。単に単語や規則を暗記して文をその規則に従って訳すだけで
はなく、なぜ直訳ではおかしいのだろうか、なぜ日本語の表現とは異なるの
だろうかと考えることも多いと思います。自然な日本語にするとどうなるだ
ろう、ということを意識することで、わかりやすい日本語の文章を目指すこ
とができるでしょう。結果として、文法やことばの使い方の学習に興味が湧

き、面白くなってくるでしょう。そしてその興味は単に一つの外国語だけでなく、他の言語の表現形式への興味に繋がり、その言語が歴史的にどのように変遷したのか、というところにも興味が広がっていくでしょう。このような興味から生まれる探求、およびそれで得た知識は、実際に文章を他の言語に翻訳するときに、大いに活用できると思います。たとえば、訳し難いことばが出てきた時、または一つの語での言い換えが難しいと感じる時、その語が対象語以外の言語ではどのように説明されているのか、または置き換わっているのかを複数の言語間で比較することで、最適な訳語を発見できることも多々あります。そのような力が複言語能力であり、異文化理解を容易にしてくれる力であると言えます。

　日本では、言語教育の様々な試みが行われています。中学校、高校、あるいは小学校からも英語以外の外国語を学習する機会、また様々な言語のルーツを持つクラスメートとの交流などを通して、今や英語以外の外国語に触れる機会も多くなっています。このような交流機会を利用すれば、複言語能力を高めることができるでしょう。皆さんには言語の面白さ、人間言語の普遍性などに目を向けながら、ことばと付き合って欲しいと思います。

§§§§

2.4　翻訳対象分野の専門知識

　翻訳する分野に関する専門知識を持っていることも重要です。たとえばコンピュータのマニュアルを訳すのなら、多少なりともコンピュータの知識がなければ訳の質に影響してくるのは当然です。しかし、そうかといってコンピュータを専門にしている人は知識があるから翻訳がすらすらできる、というわけでもないのです。知識があっても、ものの書き方を知らないというケースが多々あります。

　知識というものはそもそも人間に生まれつき備わっているものではなく、学んで身につけるものですから、翻訳者本人にやる気さえあれば、専門知識も身につくはずです。たとえば新しい分野の翻訳に携わる際は、事前に参考書やその分野に携わっている人などを使って勉強すればよいのです。自分には専門分野がないと悲観するにはおよびません。翻訳者は万能の神でも魔術

師でもありませんから、翻訳の分野を選ぶ際、自分がある程度詳しい分野に決めるのはもちろんですが、それでも翻訳する文書の内容について自分の知らないことが出てきても当然です。そういうときは、自分の知っている限りのリソース（参考書、知人、インターネットなど）を使って知識を取り入れる努力をすることが重要です。たとえば、アフリカに行ったことがないから、アフリカのある原住民部族の習慣についての文献は訳せない、ということはありません。書物などのリソースを調べれば済むことが多いのです。ですから、知識はすでに持っていればそれに越したことはないが、なくても勉強して身につけていくものと考えましょう。

　第 1 章では、翻訳者は舞台の裏方や黒子に似ていると述べましたが、一方で、役者に似ている側面もあります。映画俳優は、出演する映画の役柄によって消防士、弁護士、芸術家などになります。ところが、だからといって俳優が消防士、弁護士などとして実際能力があるというわけではないのは誰にとっても明白です。俳優は、演じる役の職業について詳しく調査し、その職業人に一歩でも近くなろうと勉強します。究極の目的は、観客に「本当らしさ」を感じさせて感動を与えたり、その映画のポイントを伝えたりすることです。翻訳者にも似たところがあります。たとえば医学関係の文書を立派に訳すことができても、医者として開業できるわけではありません。俳優が脚本を解釈して観客に脚本の言おうとしていることを伝えようとするのと同じように、翻訳者の目的は、原文を解釈してその内容をクライアントや読者に正しく伝えることです。翻訳者は、まさに「翻役者」であるべきです。

2.5　リサーチ能力

　辞書にも出ていない用語に出くわしたときは、どうしたらいいでしょうか。翻訳に限りませんが、何か未知のものに遭遇したときに、どこをどう探せば答えが見つかるかを知っているのと知らないのとでは雲泥の差があります。たとえば、インターネットで情報を検索するにしても、どのサーチエンジンを使ってどのようなキーワードを入力すれば目的の情報が見つかるかということは、普段から研究しておきましょう。リサーチ能力は、翻訳者の隠れた武器です。

2.6　翻訳者として必要な経験

　翻訳歴がなく、初めての仕事を探している人が一番困るのが「～年の翻訳経験がないとだめ」と言われてしまうことです。私に言わせれば、社会的なルールで縦横に縛りくくられている日本社会において、この最初の壁を突き抜けるのは大変だと思います。でも、幸いにも翻訳の世界は実力がものを言う世界です。産業翻訳では、翻訳会社などが実施しているトライアルと言われる翻訳能力テストを受けて合格すれば、何らかの道が開けます。文芸翻訳では、自分の訳したい海外の書籍について目的、読者層などを記した出版企画書というものを、自分の訳例と共に出版社に提出します。この場合、出版社に「売り込む」という形になるので、翻訳の実力に加えて出版社を納得させるマーケティング的な活動も必要になります。

　どちらにしても、翻訳のノウハウは一生懸命に働いているうちに徐々に蓄積されていくものですから、経験がなくても、浅くても、悲観するにはおよびません。

　翻訳に関する経験そのものより私が強調したい「経験」とは、主に人生経験のことです。翻訳経験がない、または浅いときは、その事実を変えられるわけではないので、いくら焦っても無駄です。が、もう１つ大事な経験があります。人生における経験、狭めて言えば社会人としての経験です。教養、常識というものも、この経験に含まれます。翻訳経験と同様、この種の経験も歳を取るにしたがって蓄積されますが、この種の経験の蓄積は、個人の努力によって早めたり増量したりすることが可能です。

　ある程度の間生きていると、社会の規則や構造、物事が計画・実行される際のプロセスと論理、他人との付き合い方、常識などが身についてきます。正しく言うと、そういう経験を身につけるべきです。私が「個人の努力によって」この経験の蓄積を早めたり増量したりできると言ったのは、ただ生きているのではなく、自分の視野を広げる意識的な努力をすればするほど、自分の経験が豊富になるということです。

　私の好きな日本の諺に「井の中の蛙 大海を知らず」というのがあります。もともとは中国のものでしたが、日本でも一般的に定着している諺です。井戸の中に棲んでいるカエルは、自分に見える外界が頭上の空だけであるため、それだけが全世界だと思い込んでしまうという意味ですが、これを人間に関して言い換えれば、自分に与えられた環境や条件のみを基準にして物事の善し悪しやあり方を判断し、他にも有用なオプションがあることを知らない、または知ろうとしない人のことを言います。問題を解決する際、解決案の数が多い方が最善案を見つけやすくなります。よって、翻訳だけでなく、世の中のいろいろなことを勉強することも重要です。先ほど述べた第 3 言語の素養も、視野を広くする方法です。

　私がどうして井の中の蛙のことを引きあいに出したかと言うと、日本人の考え方を論じる場合、17 世紀から 19 世紀にわたって続いた鎖国政策が未だに日本人の脳裏のどこかに潜んでいると思えるからです。鎖国政策が日本的な文化や思考の発達に寄与したという点では、鎖国は結果的に日本にとって有益でしたが、その反面、世界文明の進化に後れを取ったという問題点もありました。今を生きる私達は、通常、鎖国を史実としてしか受け止めていませんが、「日本には日本独特のやり方がある」または「日本人の精神は唯一無二だ」と言って他国の人の考えや新しい考えを門前払いする人を見ると、こういう発言の裏には日本人の頭の奥にまだ無意識的に残っている「鎖国的思考」があるのではないかと思ってしまいます。自分が慣れている考え方だけに固執するのは容易ですが、視野を広げたいのであれば、まず自分以外の人の意見も聞き、その意見を物事を判断する際のオプションとして認識することが大切だと思います。日本人は国際舞台での振る舞い方を知らないと言われてから久しくなりますが、たとえ表面的には国際人のように振る舞えるようになったとしても、頭の中も国際的にしないと、また世界に後れを取ってしまうのではと私は危惧しています。

2.7　翻訳の技術

　クラシカル・バレエや商業プロダクションなどで活躍するダンサーのプロとしての要素の 1 つは、どんなに難しいステップやルーティンを踊っている時でも、それが難しいことを観衆に気づかれないようにすること。観衆はダ

ンサーの動きの美しさを観賞するために舞台を見ているはずです。ダンサーが苦しんでステップをこなそうとしている姿は、かえって観衆の気をそらせることになってしまうのです。難しいステップを涼しい顔でこなすのがプロ、裏を見せないのがプロということでしょう。

　翻訳者に関しても同じことが言えます。あたかも「非常に苦労してこの訳文を作りました」と言っているような訳は、その苦労に読者が注目してしまいそうで、適切と言えません。私がよく言う翻訳臭のない訳を目指すのが正道であると思います。

　生まれつき踊りの上手なダンサーであっても、その踊りを商品として使うには、やはり専門の訓練が必要です。そのためにダンス・スクールがあります。これと同様、生まれつき語学が得意でも、翻訳者になるにはそれなりの訓練が必要です。翻訳学校に通ったり大学の翻訳コースを受講したりするのも1つの方法ですが、それだけがプロへの道ではありません。情報が身の回りに豊富にある今日では、独学がしやすい環境が整っています。これを大いに利用しましょう。

3　職業翻訳に必要なリソース

3.1　ハードウェア

3.1.1　パーソナル・コンピュータ

　英語から日本語に翻訳する場合、その昔は手書きの日本語文を受け取ってくれる顧客がいましたが、現在ではもちろん、パソコン仕上げが常識です。翻訳会社とフリーランス契約を結ぶときも、パソコンを持っていることが第一条件です。また、Windows PC と Macintosh のどちらを揃えたらいいかという質問がよくあります。2000 年ごろまでは Windows PC を持っていないと翻訳会社が登録させてくれないという悲惨な状況もありました。現在では Windows PC と Macintosh の間の互換性が大幅に改善されているため、ほとんどどちらでもよい状況になっています。

　また、アプリケーションが複雑化する一方の今日の状況下では、コンピュータのローカルメモリやハードディスクの容量はできるだけ大きい方が安心です。多量のリソースを同時にオープンして作業する翻訳者にとって

は、プロセッサのスピードも考慮すべき事項です。

3.1.2　コンピュータ周辺機器

すべてオンラインでクラウドを介してファイル交換が行われる今日では、ファクシミリはまず必要ありません。画像も、今はスキャンして電子ファイルとして送るのが通常です。

ほとんどすべての翻訳がオンライン、クラウドベースで納品される今日では、翻訳者がどのようなプリンターを持っているかは顧客の視点からすると重要ではありません。それでも、たとえば大きなチャートがあって、その全体図を鳥瞰的に見たいという場合は、大きめの用紙に印刷したりできる点でプリンターが役立つことがあります。

旅先で仕事をする場合などはノートパソコンを使うことが多いでしょうが、自宅またはオフィスで仕事する場合は、携帯パソコンまたはデスクトップパソコンに搭載されたスクリーンの他に、大きめのディスプレイを1台または2台使うと大変便利です。実際に仕事を始めるとわかることですが、翻訳をしているときは、翻訳作業ファイル、資料ファイル（同類プロジェクトの過去の翻訳、クライアントからの指示書、用語集など）、インターネットブラウザ、コンピュータに搭載した辞書など、様々なアプリケーションを同時に開いて作業していますから、コンピュータ搭載の画面だけでは無理です。

3.2　ソフトウェアと翻訳支援ツール

「ローカル」で翻訳する場合、つまり翻訳作業自体をクラウド経由で行うのではなく、翻訳者の使っているコンピュータのハードドライブの中でする場合は、ワードプロセッサ、表計算ソフト（用語集はこのソフトで配布される場合が多い）、プレゼン用ソフトが最低限必要です。Microsoft の製品で言えば、それぞれ MS Word、MS Excel、および MS PowerPoint です。

翻訳者が翻訳支援ツール（Computer-Assisted Translation tool）と呼ばれるソフトウェアを持っていることを要求する顧客や翻訳会社があります。SDL Trados や Memsource に代表される翻訳支援ツールに関しては本章の「5 機械翻訳、CAT、および AI の進展 vs. 翻訳者」の項で説明してありますが、翻訳者が顧客（特に大手顧客の場合）や翻訳会社のウェブサイトにアクセス

して翻訳作業を行う傾向が高くなっているため、昔のように個人で翻訳支援ソフトを購入する必要は、どちらかというと少なくなってきています。

3.3　インターネットアクセス

　インターネット受信地域の地理的・物理的事情によっては、希望の接続形式が利用できない場合もあります。たとえば、山間部で受信信号が弱すぎる、高層ビル街で物理的な障害がある、といった場合です。大都市ではほとんど問題がないかもしれませんが、いずれの接続形式を利用することになっても、翻訳作業がスムーズにできる、信頼性の高いサービスを選ぶ必要があります。翻訳者はインターネット上で様々なウェブサイトを開いて作業するのが常ですが、ウェブサイトによっては動作が遅かったりします。ウェブサイト側のサーバの性能は受信者側ではコントロールできないので、できるだけ受信側の環境を最適化して、自分が納得できるスピードで作業ができるようにしましょう。接続速度の高いサービスなどを選んでいると、どうしても料金がかさみますが、歯医者さんが治療器具を買わなくてはいけないのと同様に、インターネット関連費用は翻訳者の必要経費です。

3.4　辞書と参考書類

　今昔を問わず、辞書と参考書は翻訳家のよき伴侶、座右の書です。物事を客観的に正しく、そして規則に則って書くには、翻訳家に辞書と参考書は欠かせません。剣士が錆付いた刀を持っていては話にならないのと同様です。

　1990 年代までは紙の辞書が主流でしたが、現在はインターネット上で有料・無料の辞書や参考書を多数見つけることができます。ただし、インターネット上にある辞書・参考書類の品質はピンからキリまである上、間違った語義や例文を載せたものも見かけます。たとえ無料であっても不用意に使い始めず、また頭から鵜呑みにすることはせず、内容をよく確かめて利用してください。

　英和・和英の翻訳では、翻訳方向にかかわらず、最低限、下記の辞書・参考書類が必要です。いずれも最新版が理想です。

表3：翻訳に必要な辞書・参考書類

必要な辞書・参考書類	説明
英和辞典	小辞典、中辞典、または略式のものではなく、収録語数や例文数が多く、説明が詳しいもの。
和英辞典と英英辞典	英和と同様、収録語数や例文数が多いもの。英和翻訳の場合でも、逆引きして訳語の類語探しのリソースとして使うことができる。
類語辞典	日本語、英語（thesaurus）それぞれの辞典が必要。原文の意味を正しく解釈できても、訳文を書くときに適切な単語が頭に浮かばず、作業が中断してしまったときに威力を発揮する。
オンライン・コーパス	英和と和英。過去に諸分野で使われた原文とその訳文を集めた膨大なデータベース。各業界でよく使われる表現やそのトレンドを調べるのに最適。収録サイズの関係上、コーパスのデータベースはオンラインでアクセスする形式。
参考書	各翻訳対象分野のもの。

3.5　用語集

　用語集（glossary）は、翻訳文に使う単語や表現の統一を図る目的で、翻訳プロジェクト単位で作成するリソースです。通常、大型翻訳プロジェクトの場合は翻訳者がグループを組んで作業しますが、個人間で訳語を揃える目的で、大概の場合、そのプロジェクト用の用語集が作成されます。用語集は顧客側が作成し、「こういう英語に対してはこういう訳語・表現を使ってください」と翻訳者グループに提供される場合と、顧客が用語集の作成作業を翻訳会社または翻訳者個人に依頼してくる場合があります。どちらの場合も、用語集は顧客側と翻訳提供側双方の同意が得られてから使われます。

　ある翻訳プロジェクト全部を1人の翻訳者が担当する場合でも、グループ翻訳の場合と同様に用語集を作ってから作業に入るのが得策です。これは、1人で作業している場合でも、特に大きめのプロジェクトでは翻訳者の頭の中だけで用語の統一を図るのが難しくなるからです。

4　納品形態

　大昔は、ファックスやフロッピーディスク（フロッピーディスクということばを知らない読者もいらっしゃるでしょう）を使った納品が主でした。次に電子メールの添付ファイルとして、またはオンラインで FTP（File Transfer Protocol）を利用して納品する形態が主流になりました。現在の大手翻訳会社または顧客会社では、自社のサーバに自社製または市販の翻訳支援ソフトのエンタープライズ版を整備し、そこに翻訳者がオンラインでアクセスして翻訳するという形式が一般的になっています。

5　機械翻訳、CAT、および AI の進展 vs. 翻訳者

　その昔、私は機械翻訳という、当時にしては新しい分野で働いていました。そのころの機械翻訳では、各産業分野のコーパスを基にして対訳用語集を作成した後、起点言語と目標言語両方のシンタクスを翻訳の視点から分析し、文型ごとに訳し方のルーティンを作成していました。これをコンピュータに読ませて自動的に訳文を作成させるという仕組みでした。最後のコンピュータ処理を除いては、すべて人間がリサーチして用語集やルーティンを作るという、いわば手作業の世界でした。

　その後、CAT（Computer-Assisted Translation）という一連のコンピュータツールが出現しました。このツールは日本語で翻訳支援ソフトと呼ばれますが、基本的には過去の翻訳データを蓄積して作ったメモリを利用するツールです。翻訳しようとしている起点言語の原文をこのソフトウェアに入力（enter, input）または投入（populate[2]）すると、過去にこの原文と同一またはそれに類似した原文がメモリの中にあれば、その原文と翻訳文を提示して翻訳者のアクションを待つという形で使われます。ですから、このソフトウェアツールが実際の翻訳をするわけではなく、あくまでも翻訳者を「支援」するツールです。

　2020 年代は AI（Artificial Intelligence、人工知能）の時代です。AI は様々

2　付録 2 の「populate は「居住させる」か？」の項を参照。

な分野に影響を広げており、たとえばチェス、将棋などのゲームでも、AI
が人間のプロに勝つという光景が現れています。その他、自動運転車
（self-driving car, autonomous car）、画像認識、文字認識などの分野でAIは
驚くほどの成果を収めています。

　翻訳の分野に関して言えば、この時代が始まったころ、スーパーコン
ピュータの登場と共に、翻訳エンジンに膨大な量のデータを知識として搭載
する技術が発展しました。AIはこの膨大な知識を使って自分で翻訳ルール
を考案するようになり、その結果、翻訳の速度と正確性が従来と比べて飛躍
的に伸びました。かつてのようにプログラマー、すなわち人間が作った翻訳
ルール（ルーティン）を与えなくても、人間と同等の質の翻訳を作り出すこ
とができるようになっています。

　ただし、このように翻訳テクノロジーが発達しても、現時点では条件を付
けずにどのような原文を投入しても高品質の翻訳ができるというわけではな
いことを断言しておきます。AIが人間の翻訳者と同等の質の翻訳作業をす
るには、それなりに人間による事前・事後の作業が必要です。たとえば、翻
訳対象の両言語における、該当分野の文献を事前にAIに学習・記憶させる
必要があります。また、今のAIは文脈を読むこともできるので、多義語の
場合でも適切な訳を拾うことができますが、特に文芸関連の文章を、その裏
に隠された感情や修辞技巧を理解して訳すという作業はまだ苦手のようです。

　AIはコンピュータ自体の改革に伴って大きく発展し、翻訳の自動化に拍
車をかけていますが、当分の間はまだ人間が介入しないと高品質の翻訳は望
めないと言えるでしょう。今の翻訳者に求められているのは、自分の翻訳能
力を磨くと同時に、AIを利用して速度と正確性を伸ばす術を知ることだと
思います。

6　英和翻訳の学習方法

6.1　翻訳に役立つ英語解釈力の上達法

　あるとき、私の講座を受講している方から相談の手紙が届きました。翻訳
に役立つ英語力の上達法を教えてほしいという内容でした。「これが翻訳者
のための上達法です」と断言して提供できるような上達法はあるはずがない

のですが、何か答えてあげなければと思い、私が返信として出した手紙の一部を下に抜粋します。

My suggestion to you is read, read, and read. Read newspapers, magazines, advertisements — anything that interests you, both in Japanese and in English. There are two kinds of reading: extensive and intensive, and you need to do both to get ahead in translation. Extensive reading is reading a wide variety of materials on a wide range of subjects and scanning the information; the purpose here is to get the gist of the material you are reading and to become familiar with its style. Intensive reading involves reading a specific article or document in detail, analyzing the meaning (author's intention) of each paragraph and each phrase as well as the grammatical structure of each sentence, and making sure you completely understand what the author is trying to convey. As long as you do these two kinds of reading, it almost does not matter what you read. Read something that is of interest to *you*. I do not want you to read something just because I tell you to read it; you will learn much more if you are having fun while reading. Make it a habit to read the morning paper every day. Subscribe to your favorite magazine. If you do not have a favorite magazine, how about *Newsweek* or *Time* as a starter?

　この中で私は extensive（拡張的）と intensive（集中的）の 2 通りの本の読み方を説明しています。自分の実力を見極めるには、この方法は効果があると私は信じます。

6.2　翻訳に役立つ日本語の書き方の上達法

　英語の上達法と同じく、これと言った決定版はないのですが、私の言えることは、とにかく意識的に日本語の「読む」文化に親しむことです。日本文化は、その食文化に代表されるように「見る」文化であるというのが 1 つの特徴ですが、「読む」文化は、紙面（最近はコンピュータや Kindle の画面でしょうか）を見て知識を得るという点において「見る」文化に直接関係して

います。日本に滞在すると、とにかく大変カラフルな言語表現を「目にする」ことができます。書籍はもとより、街を歩いたり電車に乗ったりするときに見る看板・張り紙などの広告文書、夜のネオンサインのことば、そういうところから「生の日本語」を学ぶことは簡単なはずです。

　第Ⅰ部：第1章「2　どの言語からどの言語に翻訳するべきか」でも触れましたが、英語（またはどの言語であっても）から日本語に翻訳する場合は、本職として日本語の小説、新聞記事、論文などを書いている人と同等の日本語文章力が要求されます。ですから、たとえば日本の代表的な新聞を読む際、その書き方を意識して読むと、翻訳に通じるヒントが見えてきます。それらの新聞では「彼」「彼女」ということばを使っているでしょうか。

The Way I See It (1)　　井の中の蛙 大海を知らず

　私は大学時代、スペイン語を学びました。学んでおいて良かったと、今つくづく思います。私がスペイン語を学ぼうと思ったのは、私の母校（の１つ）である上智大学に入ったときでした。これからは英語だけではやっていけない、世界で広く使われている言語をもう１つ学びたいと思い、外国語学部イスパニア語（スペイン語）科を選びました。素晴らしい教授陣、および精鋭で精鋭で個性的な同級生達に恵まれ、英語だけを学んでいたのでは獲得できない知識を得ることができました。今振り返ると、ノーベル物理学賞を受賞された江崎博士の理想的な教育環境に関する次のことばが思い浮かびます。

　先生の講話を聞き、級友達と交流する教育環境の中で、知性、感性の受ける様々な刺激が自己発見に結びつく。　　　　　　　　　　　江崎玲於奈
出典：「教育改革国民会議委員から寄せられた教育のあり方に関する意見.」
内閣官房内閣内政審議室　教育改革国民会議担当室. 2000 年.

　私がスペイン語を勉強し始めたころは、たとえば英語の information はスペイン語で información だと習って、「何だ、英語とスペイン語って似ているところが沢山ある。ずるい」などと半分冗談で思っていました。実際、英語とスペイン語、フランス語などのロマンス系言語間で翻訳する場合は語源を共有する単語（cognates）が多いため、日本語、中国語など、文字体系も著しく性格を異にする言語に訳す場合よりスピードが上がります。言語間で違った意味を持つ cognates もあるので要注意ですが、それにしても日本語に訳すより少ない時間でできます。日本語の場合は同音異義語が多いため、書いたことばを漢字変換するなどの余計な作業が必要という事情もあり、実務では日本語を含む翻訳が欧米語同士間の翻訳より料金が高いのが通常になっています。英語からスペイン語などの欧米語への翻訳が日本語への翻訳に比べていかに能率が高いかということは、私がスペイン語という第 3 言語を習って初めて知ったことでした。

英和翻訳の原則

PART II
Essential Tenets of
English–to–Japanese Translation

第**1**章
翻訳理論

Chapter 1
Translation Theory

　翻訳理論と言っても、ここで大々的な講義を始めるつもりはありません。ただ、どのプロジェクトを実行するにも計画が必要であるのと同様、翻訳する際は、まず（1）その方向性に関して確固とした信念を持ち、（2）それに相いれる目的達成方法を決定し、その上で（3）その方法に基づいて最後に実際の作業の詳細をマッピングすることが重要です。

1 理論、方法、手順

　今述べた（1）〜（3）の3段階の作業は、物事を実行する際の指針として、それぞれ（1）理論、（2）方法、および（3）手順という名称に置き換えることができます。

　この3つの作業の流れを、下から上に流れるイメージとして表したのが次の図です。

図 3：理論、方法、手順の構造

　上の図では理論を築くという過程が最初（一番下）にあり、いわば建物の
「基礎」部分を占めています。この基礎の上に方法論を築きます。そして方
法論を基にして決定した実際の作業内容を作成し、そのやり方、つまり手順
を考案するのが最後の作業です。

　この図からわかるように、基礎になっている理論が欠けていたり、または
割れたり腐敗したりすると、その上にある方法論と手順も亀の子式に（親亀
がこけたら小亀、孫亀こけた）崩れてしまいます。

　翻訳の場合もこのモデルが当てはまると私は思います。2 カ国語を何の目的でどちらの方向に訳すのか、また 1 つの言語を他の言語と置き換えるというのはそもそもどういうことなのかを理論立てる、といういわば哲学的な作業が最初にあります。

　次に、その理論に基づいて目的である翻訳を完成させるにはどの方法が最適かを考察し、決定します。理論が示唆する全体的な目的によって、その方法も違ってくるはずです。

　その後、その方法を使う際にどのような具体的作業をすればいいかを示すのが手順、または建物の屋根の部位になります。

　この基本理論を翻訳のプロジェクト（作業）の場合に応用するとき、私は「表層構造」と「深層構造」という、2 つの層またはレベルを設定して考えます。

2　翻訳における表層構造と深層構造

　実際に翻訳作業をするとき、翻訳者の頭の中では何が起こっているのかを考えてみましょう。たとえば英語から日本語に訳す場合、翻訳者はまず英語を読んで解釈し、次に日本語に「変換」するのですが、その「変換」にも方法が 2 通りあり、具体的には 2 つの層またはレベルを経る場合があると私は考えます。1 つの層を表層構造（のレベル）と呼び、もう 1 つを深層構造（のレベル）と呼ぶことにします。どちらのレベルを使って訳すかによって結果が違ってくるのですが、これについては次の段落で説明します。まず、この 2 つのレベルについて説明します。表層構造というのは実際に目で見たり耳で聞いたりすることばのことで、いわゆる「文字面（もじづら）」または「構文」です。これに対して深層構造は、表面には必ずしも現れない構造です。これは発話者または筆者が会話の相手または読者に伝達しようとする意味内容のことで、表面にあることばの裏側にある意図とも言えます。したがって表層構造は文法構造、深層構造は意味構造と呼ぶこともできます。

　さて、言語の表層・深層構造という考え自体は新しいものではなく、実は 1957 年に Noam Chomsky というアメリカの言語学者が *Syntactic Structures* という本の中で言語の文法構造に関して発表した概念です。これは、1980

年代まで言語学界の主流となった考え方です。Chomsky は、たとえば次の文をどのように解釈したのでしょうか。

例文 1

原文　　A five-legged rock rolled down the hill motionlessly.

　この文の主語、動詞、副詞などの配置や用法を見ると、文法上は確かに「正しい」文ですが、どんな意味なのかがさっぱりわかりません。主語だけをとってみても、rock が five-legged であるというのは矛盾しています。また、その岩が斜面を転げ落ちた際は motionless であったとはさていかに、というように意味が成り立ちません。要するにこの文は一見して文法的には正しい英文のようですが、実は存在しないものです。この事実を表層・深層構造を使って Chomsky 式に説明すると、この文がおかしいのは深層構造が欠けているから、つまり意味構造がないからということになります。意味構造のない文は無意味、つまり価値のない文です。

　では次の文の意味はどうでしょうか。

例文 2

原文　　The teacher said on Tuesday we would go on a field trip.

　この文には意味が 2 つあり得ます。1 つは先生が社会見学に行くと言った日が火曜日であったということ、もう 1 つは、先生は社会見学には火曜日に行くと言ったという意味です。Chomsky によれば、このように表層文の意味が曖昧なのは表層構造 1 つに対して深層構造が 2 つ、またはそれ以上あるためということになります。したがって、発話者がどの深層構造を使おうとしていたのかによって意味も違ってきます。

　これとは反対に、深層構造が 1 つで表層構造が 2 つという場合は考えられるでしょうか。深層構造が 1 つということは、発話者が伝達しようとする意味は 1 つであるのに、それを表現する方法が 2 つ、またはそれ以上あるということにほかなりません。一例として次のケースを考えてみます。

例文 3

原文 A　　My mother said to me, "Take your shoes off now!"

原文 B　　My mother said to me, "Take off your shoes now!"

　上の 2 文は文構造（表層構造）が違いますが、意味（深層構造）はまったく同じで、「すぐ靴を脱ぎなさい」とお母さんに言われたという 1 つの事実（1 つの深層構造）を 2 通りに（2 つの表層構造で）述べているにほかなりません。

　「だから何だというのだ」と思う方がいるかもしれませんが、この理論は、実は翻訳の過程を考えるにあたって非常に重要です。例文 2 の社会見学の場合のように、深層構造が 2 つあって意味が曖昧なものは翻訳する際に問題になりかねない、ということはすぐおわかりでしょう。原著者の意図していることを正しく伝えるのが翻訳者の使命ですから、意味が曖昧な原文をそのまま曖昧に訳すことは極力避けたいものです。正しい意味が文脈から判断できない場合は、参考リソースを使うか、クライアントに尋ねるなどして、原著者の意図を確認する必要があります。

　例文 1 に現れる、足を 5 本持つ岩の文に関しては、意味が曖昧であるどころか存在しません。ですから、これを無理に日本語に翻訳しても「5 本足の岩が、動かずに坂を転げ落ちた」という無意味なものになってしまい、実際問題として翻訳不可能です。原因は、さきほど述べたように原文に深層構造、つまり意味レベルが存在しないからです。表層構造だけを翻訳しても意味が伴わなければ本末転倒です。

　翻訳するときは必ず深層構造を見ないと正しい訳が生まれません。いわゆる「直訳」というのは、深層構造を無視して表層構造、つまり文字面だけを見て訳したものであるために意味がはっきりわからない上に、不自然に見えます。英文を和訳しようと思って原文を読んでいると、慣れないうちはどうしても英語の文構造や発想に引きずられてしまい、訳が非常に不自然になりがちですが、これは英語の表層構造だけを見ていて、その下にある深層構造を考えていないために起こる現象です。

3 ことばからイメージへの変換

　深層構造で原文の意味を考えながら起点言語から目標言語に（本書読者の場合は英語から日本語に）訳す際、起点言語のことばを「イメージ」に置き換えると、目標言語の訳文作成が容易になることがあります。これは、原文が文字で言おうとしていることを、頭の中で絵画、動画、または写真の形で描く作業です。このことを、次の例文を使って説明します。

例文 4　[Paleontology: Continental drift separated dinosaurs onto subsequently
　　　　formed new continents.]

原文　　Evolving in isolation, dinosaurs in South America adapted fairly well
　　　　to their new environment by chance and invention.

　上の原文を和訳する際の問題点は下線部にあります。chance の実際的な意味は何か（「要するに～ということである」）、また invention とは一体どのようなものを指すのかが翻訳者の頭の中ではっきりイメージできないと、こなれた訳が出てきません。
　恐竜は chance と invention によって（～という方法を使って）環境に適応したという基本的な訳し方に沿って一応訳すと、次のようになります。

試訳　　　［他種の恐竜から］孤立して進化した南米の恐竜は、機会と発明によって自分達の新環境にかなり順調に適応していった。

　これでは意味がよくわかる訳とは言えません。まず chance の意味を考えます。辞書を引くと、使えそうな訳語として「機会」「好機」「可能性」「偶然」「（好）運」などを拾うことができます。恐竜がこういった方法によって環境に適応していったとは、どのようなイメージなのでしょうか。
　拾った訳語群から察して、その「方法」というのは、ある一定の自然法則とか、定期的に起きることになっている自然現象とか、とにかくそのような「決まった」ものではないようです。ということは、計画なしに起こったこと、または偶然起こったことと考えていいでしょう。たとえば天候が良く、

大規模な天災もない時期が偶然長く続いたために（天災などに邪魔されずに）恐竜は新環境に適応することができたと考えましょうか。これを頭の中でイメージしてみてください。

　次に、invention は「発明」ですが、大昔の恐竜の時代の話ですから、エジソンのように器械類の発明というイメージではなく、広義に解釈して「工夫」「創意」「考案」という感じの方が合っているような気がします。では恐竜達が行った「工夫」「創意」「考案」とは、どのようなものだったのでしょうか。

　人間のように高度な考え方は持っていなかったはずの恐竜ですから、たとえば獲物を捕獲するために静かに茂みに潜むことを身につけたとか、草食獣の場合は、味のよい葉っぱは樹木の上の方にあることを知って首を上に伸ばして葉っぱを探す習慣が身につき、長い年月の間に、高所の植物を手に入れるのに都合のよい長い首を持つようになったとか、その辺の事柄に関連しているようです。生活を改善するための（恐竜なりの）考案、工夫という意味と取っていいでしょう。これも頭の中でイメージします。

　この2つの単語の意味を上のようにイメージして解釈できたら、今度はそれを目標言語（我々の場合は日本語）側から見てみます。この時点では、すでに原文の意味が把握できているはずですから、頭の中を起点言語である英語から、目標言語である日本語の「環境」にします。この日本語という感覚を持って、日本語で同じイメージを説明すると、次のような納得できる訳が捻出できると思います。

修正訳　［他種の恐竜から］孤立して進化した南米の恐竜は、<u>好運に恵まれたり生活の知恵を駆使したりしながら</u>自分達の新環境にかなり順調に適応していった。

　訳しにくい原文に出遭ったときは、このようにイメージに変換してみることも有益です。

　今までに説明したことをまとめると、下図のようになります。

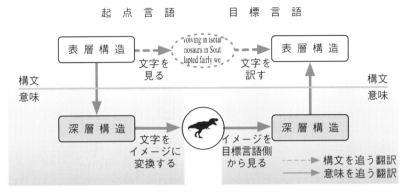

図 4：翻訳の表層構造と深層構造

4 基底構造

　時折、意味のレベルで訳しても、どうもしっくりこないことがあります。たとえば次の場合です。

例文 5　[A mother is spending an afternoon with her young daughter in a deer park.]

原文　Daughter:　Mom, look! Do you see those two deers over there?

　　　Mother:　　Yes, dear. You're right. But we don't put an "s" to "deer" even when there is more than one of them.

この原文の意味構造に忠実に訳すと、次のようになります。

試訳　娘「ママ、見て！あそこに鹿が 2 匹いるのが見える？」

　　　母「はい、そうね。だけど、鹿はね、2 匹以上いても "s" を付けないのよ。」

　英文解釈の観点からすると、上の試訳は意味構造を経て訳されており、正解と言えます。ただし、翻訳実務の場合、この訳はこの会話の翻訳として適切でしょうか。幼い娘に英語特有の複数形を説明するという、日本語では起

こり得ないことを無理に訳しても、（英語を知らないことを想定した）一般読者にとって適切であるとは言えません。

　このように、意味構造を把握して訳しても結果として失敗してしまうのは、発話者が相手に伝えようとしている「意味」のさらに奥または下部にある「機能」（function）が伝わっていないからです。機能というのは、発話することの結果として発生する影響、応答、反応などを指します。発話内容の果たすべき「役割」と言ってもいいかもしれません。意味レベルでは〜と言っても、その基底には〜という結果が起こってほしいという意図があるということで、この機能レベルを「表層構造」「深層構造」に対して「基底構造」と呼ぶことにします。

　特に起点言語の文化、または発話に使われる言語それ自体に関するトピックがからんでいるときに、翻訳過程のこの第3レベル「基底構造」を考えると問題が解決することがあります。

　では、例文5の機能とは、一体何なのでしょうか。これは今述べた「発話言語自体に関するトピック」に当てはまります。言うまでもなく、この女の子はまだ英語の名詞の複数形を作るときの例外を知らないため、名詞の語尾に "s"（または "es"）を付けるという大原則をどの名詞にも使ってしまいます。この例文は、それに気づいたお母さんが、優しく直してあげるという場面を描いています。名詞の複数形に関するルールが日本語も同じであればそれに越したことはないのですが、もちろんそうはいきません。

　ここでお母さんが果たしたい機能または役割は、娘の文法的な誤りを優しく直してあげるということです。ですから、その機能に相当する日本語の場面を当てることを考えます。つまり、意味の面で英語と日本語を等価にすることはできないので、機能の面で等価にすることを考えます。下の修正訳は、その1例です。

修正訳　娘「ママ、見て！あそこに鹿が2人いるのが見える？」
　　　　母「はい、そうね。だけど、鹿みたいな動物はね、"2人"じゃなくて "2匹" って数えるのよ。」

　要するに、文法的なことに関してお母さんが幼い娘の間違いを優しく直してあげるというのが機能なので、上の修正訳では英語の名詞の複数形の代わりに日本語の名詞の数え方を使ったわけです。このように訳すと、意味の面では等価にはなりませんが、原文の会話が基本的に求めているコミュニケーションの目的は、きれいに伝わります。

　機能を表すこの基底構造を先ほど示した図4：翻訳の表層構造と深層構造に加えると、次のようになります。

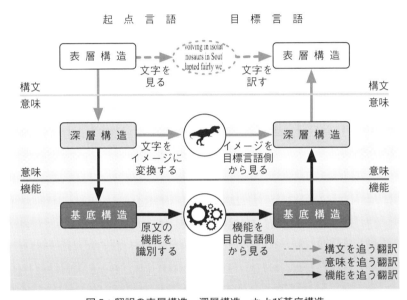

図 5：翻訳の表層構造、深層構造、および基底構造

5　英和翻訳の 3 つの原則

　さて、英和翻訳の理論を基にして実際の翻訳方法を考えるとき、私は次の3つの大きな基本原則を念頭に置くことが重要だと考えます。

1．<u>無生物主語</u>
英語の無生物主語の処理方法
2．<u>名詞句</u>
英語の名詞・名詞句の処理方法
3．<u>順行訳</u>
英語の原文を頭から順に訳す方法

　文芸翻訳でも産業翻訳でも、上記の処理法が3本の柱、つまり大原則となります。もちろん、例外のないルールはないので、この3原則に相いれない方法で訳した方が都合のよい場合もあります。まず、この原則に従って訳し、その結果がうまくいかなかったら、他の方法を探すという手順をお勧めします。

　次の第2章、第3章、および第4章を使って、この3原則について詳細に説明します。

第2章
無生物主語

Chapter 2
The Inanimate Subject

1 英語の無生物主語は日本語の主語になりにくい

　無生物主語の構文では、人間や動物以外のもの（物体、抽象名詞など）、つまり無生物が文の主語（動作の主体）になっています。英語ではこの構文は自然なもので、頻繁に現れます。主語＋他動詞＋目的語というのが無生物主語構文の典型的な形です。例文1もこの形を取っています。

例文1

原文　　In 1918, an infectious disease called Spanish flu killed numerous
　　　　people.

　上の英文の「感染症」という無生物主語をそのまま日本語でも主語として忠実に訳すと、次のようになります。

試訳　　1918年には、スペイン風邪と言われた感染症が数多くの人々を殺した。

　上の訳は原文に忠実ではありますが、いくら文法的に正しいとはいえ、これでは辞書に載っていることばをそのまま使っただけで、日本語としては非

常に不自然であることがわかります。英語で無生物が主語（動作主）として何かを「する」という形で使われている場合は、日本語にするときに無理が生じる場合があるからです。次の修正訳のようにするのが自然です。

修正訳　1918 年には、スペイン風邪と言われた感染症によって数多くの人々が亡くなった。〔原因の副詞句を使用〕

2 無生物主語を副詞的表現の日本語にする

　英語の無生物主語の不自然さを回避するには、意味を変えない範囲で日本語の構文を変えることを考えます。方法としては次の 2 つがあります。

　1．無生物主語を副詞的に訳す
　2．原文の主語を隠す

　上の例文 1 の修正訳では、無生物主語を副詞的に訳すという最初の方法が使ってあります。それでは主語を副詞的に訳すとはどういうことなのかを次に説明します。

2.1　無生物主語を副詞的に訳す

　まず無生物主語を副詞的に訳すことを考えます。これは、英語の主語を「〜は」「〜が」を使ってそのまま日本語の主語にしないで、副詞句または副詞節の形にして訳す方法です。

　次の例文 2 は、無生物主語をそのまま日本語の主語として使うことがどうしてもできない典型的な例です。修正後の文と一緒に紹介します。

例文 2

原文　　Selecting a network in this list will place a checkmark next to its name.

試訳　　このリスト内からネットワークを選択することは、その名前の横にチェックマークを付けます。

修正訳　このリスト内からネットワークを選択すると、その名前の横に

チェックマークが付きます。［条件の副詞節を使用］

　例文 2 の主語は「このリスト内からネットワークを選択すること」ですが、これも息をしているものではないので、やはり無生物主語に属すと考えます。この場合、日本語訳では「～すれば」「～すると」「～することを条件とすると」という条件を表す副詞節が使われています。これに対し、例文 1 では「感染病によって」という、原因を表す副詞句が使われています。英語の無生物主語は、文中での意味という観点から考えると、上の 2 つの例文で紹介した原因、条件の意味の他、受益、手段などの意味を担っています。翻訳する際は、次の表のように意味に応じた副詞句または副詞節に変換して自然にすることを考えます。

表 4：英語の無生物主語を日本語に変換する

英語	→	日　本　語		
			意味	訳　語　例
無生物主語	→	副詞句 副詞節	原因 理由	～のために、～によって、～ので ～が原因となって、～がきっかけとなって
			受益	～のおかげで、～のために
			条件	～すると、～した場合、～すれば
			手段	～を使って、～によって、～を介して

2.2　原文の主語を隠す

　無生物主語構文の不自然さを回避する第 2 の方法として、無生物主語自体を隠すことが考えられます。この方法は特に理工系の文書で動作の主語がたいして重要でなく、隠してもまったく差し支えないときに非常に効果があります。

2.2.1　受動態を使って原文の主語を隠す

　英語の文の直接目的語を日本語の主語にすることにより、訳文を受動態にします。この操作で無生物主語を隠すことができます。

例文 3 ［ソフトウェアの画面上の操作方法に関して］
原文　　If you push F1, the screen will display the options.
試訳　　F1 を押すと、画面がオプションを表示します。

　上の原文では the screen が無生物主語ですが、このように訳してしまっては不自然です。最近はこの直訳的表現が日常の日本語の中にも入ってきているため、一見自然な表現のように思えるかもしれません。しかし、よく読むと、無生物の「画面」が表示する作業をする、というのはやはり不自然です。特に「商品」として英文を翻訳する際は、日常の日本語とは異なり、少々改まった書き方をするのが無難です。この試訳の文を受動態にして主語を隠してみると次のようになります。

修正訳　F1 を押すと、オプションが表示されます。

　この訳では受動態を使うことによって「画面」という主語が隠れ、自然な日本語文になっています。誰・何によって表示されるか、といえば「画面によって」なのですが、それはあたりまえのことで、かえって「画面によって」を付けると、わかりきっていることを改めて言っているようで、日本語では冗漫の感があります。

2.2.2　自動詞を使って原文の主語を隠す
　無生物主語を隠す際、訳文を受動態にする代わりに、自動詞を使えば済む場合もあります。

例文 4
原文　　If you depress F5, the screen will return to the previous display.
訳例　　F5 を押すと、1 つ前の表示に戻ります。

　上の文は英語の自動詞 return がそのまま日本語でも使えるケースです。こうすれば「画面は」という主語がなくても差し支えありません。

例文 5

原文　The decision between the two options doesn't affect your Internet setup.

試訳　2 つのオプションのどちらを選ぶかの決定は、インターネットの設定に<u>影響を与えません</u>。

修正訳　どちらのオプションを使っても、インターネットの設定には<u>影響ありません</u>。

　上の例文 5 の修正訳でも、ルールに従って主部が副詞表現になっています。この例では、述部に自動詞を使っていることに注目してください。

　このように、主語を隠すという方法は非常に便利なのですが、使い過ぎには注意しましょう。これは、主語を隠しても意味が明確であるときのみに有効な手段です。

3 無生物主語と共に多用される英語動詞

　英語では（日本語の感覚からすると）無生物をあたかも人間であるかのように扱うため、無生物主語の「動作」を表すために使う動詞は人間の動作を表す動詞と同様に数限りなくあります。ただ、この中でも、翻訳の際に頻繁に目にするもので、かつ要注意の動詞があります。以下は、無生物主語の構文で頻繁に使われる（無生物主語に呼応する）英語動詞の一部リストです。

表 5：無生物主語構文で多用される英語動詞の例 [3]

原因・理由の動詞	arise from; be rooted in; bring about; bring on; cause; come from; result from; stem from; prompt; trigger
結果の動詞	end up in (with); lead to; result in; turn out to be

3　この表における英語動詞の意味上の分類は、学説などによってはっきり決まっているわけではなく、あくまでも私個人が考えた分類であることをご承知ください。

依頼・要請の動詞	ask; demand; request; urge
誘導の動詞	attract; elicit; enchant; evoke; induce; invite; lure; lead to
援助の動詞	aid; assist; enable; help; let; support
推進の動詞	drive; encourage; endorse; promote; push; stimulate
強制の動詞	compel; drive; force; make; mandate; oblige; require

許可の動詞	admit; allow; authenticate; authorize; enable; let; permit
妨害・中止の動詞	avert; block; cancel; deter; discontinue; discourage; disrupt; hinder; inhibit; interfere; interrupt; intersect; intrude; keep (... from); prevent (... from); rescind; stop; suspend; terminate; withdraw
禁止の動詞	ban; bar; disable; disallow; forbid; inhibit; outlaw; prohibit

発見の動詞	discover; find; identify; indicate; reveal; show; uncover
証明の動詞	confirm; corroborate; demonstrate; prove; validate; verify

生産の動詞	breed; build; create; engender; generate; make; produce
提供の動詞	deliver; dispense; offer; provide; supply
配分・配置の動詞	arrange; assign; allocate; allot; appoint; deploy; position
破壊の動詞	abolish; annihilate; assassinate; break; delete; demolish; destroy; devastate; eliminate; erase; exterminate; kill

影響の動詞	affect; consider; control; impact; influence; weigh
決定の動詞	clarify; control; decide; define; depend on; determine; dictate; discern; elucidate; govern; regulate; tell

感情の動詞	aggravate; amaze; amuse; annoy; arouse; astonish; astound; beguile; bore; bother; charm; confuse; depress; disappoint; discourage; disturb; enchant; encourage; enthrall; excite; exasperate; frustrate; impress; infuriate; irritate; move; overcome; overpower; overwhelm; perplex; please; pressure; puzzle; refresh; satisfy; surprise; thrill; vex

　英語の無生物主語と共に上のような動詞が使われている場合は、日本語の動詞も気を付けて選ぶことが肝要です。次項では、上の表から動詞の例をいくつか拾って、その使い方と訳し方を考察してみます。

3.1　決定の動詞

例文 6

原文　Toward the end of the 2010s, the availability of human resources, particularly software engineers, <u>dictated</u> the speed of digitization for most manufacturers.

試訳　2010 年代の終わり頃は、人材、特にソフトウェア・エンジニアの確保状況によってデジタル化の速さが<u>決定づけられる</u>という製造業者がほとんどだった。

　この試訳では、原文の無生物主語 the availability of human resources を日本語では「～確保状況によって」という副詞句として訳してあります。述語部分を見ると、「決定づけられる」という受動態の動詞で訳されていますが、これは多分、dictate を忠実に訳そうと思った結果かと思います。でもやはり「～は～によって決定づけられる」という表現より次の表現の方が日本語として自然だと思いませんか。

修正訳　2010 年代の終わり頃は、人材、特にソフトウェア・エンジニアの確保状況によってデジタル化の速さが<u>異なる</u>という製造業者がほとんどだった。

　なお、上の例文 6 で使われている決定の動詞 dictate は、他の決定の動詞 control、decide、depend on、determine、govern などと置き換えても意味は変わりません。

3.2　依頼・要請の動詞

例文 7

原文　　Your business requirements control the number of decimals to a maximum of three.

　例文7は、「ビジネスニーズが小数点以下何桁まで設定するかを制御する」というのが直訳です。日本語ではやはりこのままでは収まりが悪いので、次のように訳します。

訳例　　ビジネスニーズに応じて、小数点以下の桁数を最高3桁まで増やすことができます。

3.3　許可の動詞

例文 8

原文　　Currency codes enable you to use different exchange rates between amounts in the same currency.

　例文8では「通貨コードが、同じ通貨の中で異なる為替レートを使うことを可能にする」のですが、無生物主語処理のルールを使って次のように訳します。

訳例　　通貨コードを使うと、同じ通貨の中で異なる為替レートを使うことができます。

例文 9

原文　　The freshly distilled attar is then allowed to stand for several days to permit impurities to precipitate.

　ここの allow という動詞は「stand（じっとしていること）を許す」わけですから、人間の手を加えずに「放置」しておくということになります。

訳例　　蒸留で抽出したばかりのばら油は、その後数日間放置して、不純物
　　　　を沈殿させます。

3.4　推進の動詞

例文 10

原文　　Insufficient funding drove the publisher toward bankruptcy.

　「何かが原因になり、何か他のものがある状態になることを推進する」という構文は、いかにも英語らしい考え方です。この構想は英語を知らない人でもわかるので、解釈する時点では直訳で済みます。ただ、やはり実務翻訳する時点では次のように日本語らしくする必要があります。

訳例　　その出版社は資金不足で（～のために、～が原因で、～が祟って）
　　　　倒産した。

3.5　発想の転換

　今度は、無生物主語構文のルールを使った上で、発想の転換を試みることを考えます。

例文 11

原文　　A group distribution list allows the user to send the same message to
　　　　many email addresses at the same time. However, the user's mailbox
　　　　type must allow access to group distribution lists.

試訳　　グループ配信リストを使うと、同じメッセージを複数の電子メール
　　　　アドレスに同時発信できます。ただし、ユーザのメールボックス
　　　　が、グループ配信リストにアクセスを許すタイプでなければなりま
　　　　せん。

　この原文には allow という許可の動詞が 2 回出てきます。いずれの場合の主語も無生物です。最初の allow の文は無生物主語構文の処理ルールに従って「～を使うと」ときれいに訳せました。2 度目の allow の文では「～が～

を許す」という形で、原文の主語を日本語でもそのまま主語として訳してあ
ります。このため、少々硬い日本語になってしまいました。この場合の改善
方法としては、やはりルールを使って、英語の主語を副詞的に訳すことを考
えます。ただし、ここでは少々発想を転換して考える必要があるでしょう。
下の訳あたりが日本語として自然だと思います。

修正訳　　グループ配信リストを使うと、同じメッセージを複数の電子メール
　　　　　アドレスに同時発信できます。ただし、<u>ユーザのメールボックスの
　　　　　タイプによっては</u>、グループ配信リストが使えない場合もあります。

　もちろん、この他にも適訳はいくつもあると思います。こういうところで
翻訳者としての創造性を駆使してください。

4　「〜により」「〜によって」は慎重に

　副詞的な表現として「〜により」「〜によって」がありますが、この2つ
の表現を使うときは注意が必要です。なぜかと言うと、この2つは非常に使
用範囲が広い表現で、様々な文脈で使える反面、意味が曖昧になる場合が多
いからです。

　下の例文でこれを考察しますが、その前にこの例文の背景を説明します。
この新聞記事が発表された数日前に、アメリカ連邦航空局 the Federal Avia-
tion Administration（FAA）は航空安全対策の一環として航空規則の一部を
変更し、パイロットの就労時間を減らすイニシアチブを提案しました。この
案は現在審議中です。

例文 12

原文　　<u>The new aviation regulation</u> would limit pilots' workdays to 14 hours,
　　　　and actual flying time to 10 hours.

試訳　　この新しい<u>航空規則により</u>、パイロットの就労時間は1日14時間
　　　　に、また実質飛行時間は1日10時間にそれぞれ制限される。

　まず、背景情報なしで上の試訳を読んだとします。ここでは無生物主語を日本語の副詞句に変換した際に「〜により」を使ったため、このイニシアチブは提案されていても実際に策定されたのか否かが、この試訳では明白になっていません。

　原文では仮定法の would が使われていることから、このイニシアチブはまだ策定されていないことがわかります。が、日本語訳の読者は would が使われていることなど知りません。原文の背景情報がわかっていれば、このイニシアチブは現在審議中でまだ策定されていないことは明確です。

　読者がこの背景情報を前段落で読んでいたとしても、「前段落で説明してあるから、この段落ではわざわざ読者に親切にしてあげる理由はない」と思わないでください。一読して意味を明白に把握してもらうのが翻訳者の仕事ですから、この場合は次のように修正します。

修正訳　この新しい<u>航空規則が採用されれば</u>、パイロットの就労時間は 1 日
　　　　14 時間に、また実質飛行時間は 1 日 10 時間にそれぞれ制限される。

　このイニシアチブが承認されていたのであれば「新しい航空規則が採用されたので」という、原因・理由の表現を使っていたところです。

　「〜により」「〜によって」を使おうと思ったときは、まずその代わりに動詞を用いること、または原因、条件などの意味をはっきり表す表現を使って曖昧さを回避できないかどうかを考えましょう。

5　日本語で無生物主語を使用しても自然である場合

　今まで、英語の無生物主語構文をいかに自然な日本語文に変換するかについて説明してきました。が、この時点で、無生物主語に関するルールに疑問を抱いている方もいると思います。確かに、巷を歩けば、無生物主語は日本語にもそこかしこに散在しています。デパートの宣伝から駅構内の掲示まで、どの無生物主語の例を見ても普通で不自然な感じはしません。前述しましたが、私は英語の無生物主語を全部副詞的に訳せと言っているのではなく、それを考慮することが大切だというのがポイントです。

　では一体、英語のどのような無生物主語に気をつければよいのでしょうか。どのような場合に副詞的に訳すべきなのでしょうか。様々な理論や意見が飛び交っている情報時代の今日、迷うのも当然かもしれません。

　そこで私は、日本語で無生物主語を使っても自然であるという環境に関して調べてみました。以下は、その結果わかった仮説めいた情報です。1つお断りしておくと、以下はあくまでも翻訳に関して、つまり書きことばに関しての考察であるということです。口語の場合はこれよりはるかに自由な使い方ができます。

5.1　状態動詞と状態変化の動詞

　前掲の「3. 無生物主語と共に多用される英語動詞」の表（69 〜 70 ページ）にある動詞、および一般的に「主語＋動詞＋目的語」タイプの文型に使われる英語の動詞は、すべて「アクション（動作）動詞」と言われます。アクション・動作という視点から英語の動詞を分類すると、おおむね次のようになります。

5.1.1　アクション動詞

　本来、アクション動詞は breathe、create、throw、eat、lead、kill、produce など、生物が実際に何かの動作を実行するという場合に使う動詞です。たとえば次の場合です。

例文 13

原文　My dog dug a hole in the garden to store her prize bone.

訳例　飼い犬が庭に穴を掘り、ご褒美にもらった骨をそこに埋めた。

　この文の主語は犬です。ということは生物ですから、当然、日本語でも主語になります。しかし、次に説明する状態動詞と状態変化の動詞を含む構文に関しては、生物、無生物のどちらも、日本語の主語として使えます。

5.1.2　状態動詞

　状態動詞には appear、seem、be、be located、be situated などがあり、ア

クション（動作）とは対照的に、生物、無生物の状態を表します。下の例文
14 では、be situated という状態動詞が使われています。

例文 14

原文　　My school is situated on top of a hill.

訳例　　私の学校は丘の上にある。

「私の学校」は確かに無生物主語ですが、無生物が「食べる、押す、言う」
などの動作をしたわけではなく、単にその無生物の状態を示している文で
す。この場合は、日本語でもそのまま無生物を主語として扱えます。

5.1.3　状態変化の動詞

　生物、無生物が水平（または横）方向、垂直（または縦）方向、または立
体的に状態が変化する様を表す動詞を状態変化の動詞と言います。in-
crease、decrease、lengthen、shorten、rise、fall、broaden、narrow down な
どがあります。

例文 15

原文　　Our company's profit rose last quarter by 3 %.

訳例　　前四半期の当社の利益が 3% 上がった。

　例文 15 では「利益」という無生物主語の状態が変化したことを表してい
ます。この場合も「利益が上がった」とそのまま訳せます。

5.2　化学物質、自然現象、天体、機器などの動作

　次の表に現れるタイプの無生物が主語になって何らかの動作をするという
構文は、日本語でも副詞のルールを使わず、そのまま無生物主語として訳せ
ます。

表6：日本語でも主語として使える無生物主語

無生物主語	日本語での使用例
有機・無機分子、化学物質	・この物質は人体に危害を与える。 ・分子が神経炎症を抑制する。
自然現象	・台風が東京湾を襲う。 ・土石流が家を飲み込む。 　例外：「ハリケーンが50人を殺す」はだめ
天体	・タイタンは土星を周回する衛星である。 ・流星が地球接近の問題を起こす。
機器、ハードウェア、ソフトウェア	・クレーンが貨物を吊り上げる。 ・システムがアプリを一時停止する。

5.3　内容が人間などの生物を意味する無生物主語

　カテゴリ上無生物主語であっても、意味内容が人間などの生物である主語は「準」生物的に扱い、そのまま主語として訳せます。

例文16

原文　The national government is not responding to this disaster at all.

訳例　この災害に対して国は何の処置も施していない。

例文17

原文　The other day, the rakugo club of our college presented storytelling performances.

訳例　先日、当大学の落語研究会が寄席を開いた。

　上の例でわかるように、この種の主語は無生物と言っても人間で構成される団体、組織、または機関であることが多く、そのまま主語として使っても当然無理がありません。

5.4　比喩、諺、格言および慣用表現

　第Ⅳ部：第5章「比喩、諺、格言および慣用表現」に現れる無生物主語は定型表現であるため、日本語の無生物主語として使えます。

　ただし、この種の表現が定型表現であるということは、つまり形を変えずにそのまま使わなければならない（verbatim）という限定条件があるため、応用が利きません。たとえば、「私のプライドが許さない」という表現は、「ぼくのプライドはいつも威張っているから許すことはあまりしない」とか「昨日だったらぼくのプライドは許してくれたんだけど、今日はどうしても許してくれない」などと応用することはできません。

　「ディズニーランドは何百万人をも惹きつける」も同様で、「ディズニーランドは、来年は何百万人を惹きつけるだろうか」などとは言いませんよね。慣用表現はこの他にも「金がものを言う」「内閣の決議が野党の反発を買う」など、多々あります。

5.5　文芸環境

　文芸作品には、修辞的な目的で詩的表現や比喩表現が頻繁に出てきます。「暗闇が部屋を包む」など、無生物が主語となって何かのアクションをするという例は、様々な文芸書に見られます。下の例文は Robert Louis Stevenson 著、*The Strange Case of Dr. Jekyll and Mr. Hyde*（1886）からの引用ですが、ここに登場する無生物主語 terror もその 1 つです。

例文 18

原文　It was the hand of Edward Hyde. I must have stared upon it for near half a minute, sunk as I was in the mere stupidity of wonder, before terror woke up in my breast as sudden and startling as the crash of cymbals.

訳例　それはエドワード・ハイドの手だった。私はその手を 30 秒近く見つめていたのだろう。ただただ驚きのあまり唖然としていた。そのとき、シンバルを急にバーンと打ったような恐怖が胸に湧いてきた。

6　無生物主語を処理すべき典型的なケース

　ここまでお話しすると、「それでは、一体いつ、英語の無生物主語ルールを使った方がいいのか」という質問も出てきそうです。英語の無生物主語を

そのまま主語として日本語で使うと不自然であるために、副詞的に訳さなくてはいけない典型的なケースを、以下に挙げてみます。

6.1　感情の動詞が使われている場合

　本章前出の「無生物主語と共に多用される英語動詞」の表に載っている感情の動詞というのは、無生物の主語が、ある感情を人間に抱かせる、または与えるという、欧米語に非常に独特な文構造で使われます。日本語にない構造であるため、和訳する際は、文芸の面での理由がない限り、無生物主語構文のルールを使った方がよさそうです。

例文 19

原文　This monument thrills visitors throughout the year.

試訳　この遺跡は一年中観光客を魅了している。

修正訳　この遺跡には一年中観光客が押し寄せてきている。

例文 20

原文　Every year, the Oscars attract the whole world with all the current stars gathered in one place.

試訳　毎年、アカデミー賞は、時代のスター達が一堂に会して全世界を惹きつける。

修正訳　毎年、アカデミー賞には時代のスター達が一堂に会し、全世界が注目する[4]。

例文 21

原文　The poll results annoyed many voters.

試訳　世論調査の結果は多くの有権者をいらいらさせた。

修正訳　世論調査の結果によって感情を害した有権者は多い。

4　「全世界」は「5.3　内容が人間などの生物を意味する無生物主語」で説明してある「準」生物ですから、主語として使えます。

6.2　生物だけが行う動作であることが比較的あきらかな場合

　kill、eat、sleep、wake up、insult、smile など、従来は生物だけが行う動作としてあきらかな動詞が英語の無生物主語と共に使われている場合は、副詞的変換のルールを使った方が無難です。例を下に挙げます。

例文 22

原文　　This typhoon killed 10 people.

試訳　　この台風は 10 人を殺した。

修正訳　この台風で 10 人が亡くなった。

例文 23

原文　　The ATM ate my card.

試訳　　ATM が私のカードを食べた。

修正訳　私のカードが ATM 内に入ったままになり、戻ってこなかった。

例文 24

原文　　The computer is sleeping now.

試訳　　このコンピュータは今寝ています。

修正訳　このコンピュータは今スリープ状態です。

例文 25

原文　　The Oscars also did not smile on the top Japanese actress who was
　　　　nominated for Best Supporting Actress.

試訳　　オスカー（アカデミー賞）は、助演女優賞にノミネートされていた
　　　　日本人の大物女優にもほほ笑みませんでした。

修正訳　オスカー（アカデミー賞）の助演女優賞にノミネートされていた日
　　　　本人の大物女優も、受賞できませんでした。

第**3**章
名詞句

Chapter 3
The Noun Phrase

1　名詞句内の語順に関する英日の違い

　名詞と言えば、人間、動物、建物、物質、場所、あるいは概念などに付ける名称のことですが、本章の主題に入る前に、ここで英語と日本語の名詞句を比べてみましょう。次に挙げる英語と日本語のペアをそれぞれ観察してください。

表7：英語と日本語の名詞句内の語順

英　語	直訳した日本語	自然な日本語
Southeast Asia	南東アジア	東南アジア
buying and selling	買売	売買
flora and fauna	植動物	動植物
supply and demand	供給と需要	需要と供給
black and white	黒白	白黒
small and medium-sized companies	小中企業	中小企業

　上の表を見ると、英語の名詞句内の語順を、日本語訳では逆にしないと自然な訳ができないことがわかります。これは英語をそのまま忠実に訳すと失敗する一例ですが、「このくらいのことは知っている」とたかをくくっていると、知らず知らずのうちに英語につられて "the good old days" を「よき古

き日」としてしまうものです。これはもちろん「古きよき日」であるべきです。いったん英文を解釈した後、訳語・訳文を捻出するときは、頭の中を日本語の環境に切り替えることが大切です。

2 名詞の中に動詞を見る

　英語の名詞句には、動詞の意味が内包されていることが多くあります。翻訳初心者は、英語では名詞だからということで、日本語訳でもそのまま名詞として訳してしまうことが多いのですが、これは考えものです。例を見てみましょう。次の原文にある2つの下線部の名詞句に注目してください。試訳は直訳になっています。その下の修正訳では、名詞句を動詞句として訳してあります。

例文1［ソフトウェアマニュアル］

原文　Our new server provides the infrastructure required for the guaranteed delivery of important messages and reliable[5] execution of applications.

試訳　弊社の新しいサーバを使うと、重要なメッセージの保証された配布と、アプリケーションの信用性のある実行に必要なインフラストラクチャを取得できます。

修正訳　弊社のサーバを使うと、重要なメッセージを確実に配布し、アプリケーションを安定して実行するために必要なインフラストラクチャを取得できます。

　次の例文2でも、英語の名詞句をそのまま日本語の名詞句として訳すと不自然になることがわかります。

5　reliable は「信用のできる」「頼りにできる」という意味ですが、修正訳では副詞的に訳してあるため、「信頼して」などの訳語をあてがうことができません。アプリケーションの実行が信頼できるということは、実行がいつも安定しているということと同じです。

例文 2 ［人工知能に自動的にデータを学習させることにより自然言語処理能
　　　　力を改善する研究において］

原文　　Repeated improvements in the method for AI to find its own clues
　　　　(self-supervised learning) have significantly increased accuracy.

試訳　　AI が自ら手掛かりを見つける方法（自己教師あり学習）における
　　　　繰り返される改善によって、精度が大きく向上した。

修正訳　AI が自ら手掛かりを見つける方法（自己教師あり学習）に改善を
　　　　積み重ねた結果、精度が大きく向上した。

　上の 2 つの例が示すように、名詞の中に動詞を見出すということは、英語
の名詞を日本語ではあたかも文のように表現することであるとも言えます。

3　名詞の中に形容詞を見る

　動詞ではなく形容詞に由来する名詞が文中にある場合、その名詞から形容
詞の意味を引き出して日本語にすると、動詞の場合と同様、かなり自然な訳
ができます。まず下の例文を見てください。

例文 3

原文　　Scientific analysis showed the presence of alcohol in his blood.

　まず、主語の scientific analysis が無生物主語であることに着目します。で
すから、訳全体の構文を「科学分析は〜を示した」のようにしたら失格で
す。analysis の動詞形である to analyze を考えて、「科学分析をしたところ、
〜がわかった」または「科学分析の結果、〜がわかった」と訳します。ここ
までは無生物主語の章で説明したことですが、新しい問題は the presence of
alcohol in his blood という名詞句です。この名詞句の構造をそのまま日本語
にあてはめて訳すと、次の試訳ができます。

試訳　　科学分析の結果、彼の血液中のアルコールの存在がわかった。

　この試訳は一見問題がないように感じるかもしれませんが、「彼の血液中のアルコールの存在」の部分が硬くていただけません。そこで、この presenceという名詞の中に present という形容詞を見出して、次のように直します。

修正訳　科学分析の結果、彼の血液中にアルコールが<u>ある</u>（<u>存在する</u>）ことがわかった。

　この方が滑らかな文です。このように、英語の名詞、特に動詞・形容詞から派生した名詞を日本語にするときは、そのまま名詞として訳さずに、その名詞の中にある動詞や形容詞を見つけて文のようにして訳すと、自然で滑らかな訳が作りやすくなります。

4　動詞の原形＋ er の訳し方

　英語の名詞句を動詞化することを考察するついでに、動詞の原形＋ er の構造を考えてみましょう。これはもちろん動詞の表す動作をする人または物体（動作主）という意味の名詞構造です。たとえば、eater は「食べる人」、analyzer は「分析する人（または機器）」となります。ところが、次の文はどうでしょうか。

例文 4
原文　　She is an excellent singer at karaoke parties.
試訳　　彼女はカラオケ・パーティーで優秀な歌い手（歌手）です。

　この試訳は翻訳として不自然でいただけません。日本語で「歌手」と言うと職業になってしまいますが、上の文脈からは必ずしもそうではないことがわかります。カラオケのパーティーで歌うとうまいというのですから、歌を職業としている人とは限りません。要するに、この文では歌うことが上手であるという意味ですから、ここでもやはり singer という名詞から to sing という動詞を引き出して、次のように訳すべきです。

修正訳　彼女はカラオケ・パーティーで歌うとうまい。

　また、動詞に er または or が付いていなくても動作主を表す動詞もあります。たとえば次のような文です。

例文 5
原文　　Thieves are usually fast escapees.

　escapee には er も or も付いていませんが、例文 4 と同じく escape をする人の意味です。何も考えないで訳せば、次のようになるでしょう。

試訳　　泥棒は通常速い逃亡者（脱走者）である。

　翻訳臭が大いにあります。この文では泥棒は普通、逃げる時のスピードが速いという意味ですから、ここでもやはり escapee という名詞から to escape という動詞を引き出して次のように訳せば、意味がはっきり出てきます。

修正訳　泥棒は普通、逃げ足が速い。

　さらに、「〜をする人、もの」という意味を含んでいるのにもかかわらず、名詞の裏に隠れている動詞の意味もあります。たとえば次の例です。

例文 6
原文　　If assisted suicide is legalized, <u>critics</u> fear, there will be less impetus to improve care.
試訳　　ほう助自殺が合法化されると、当該患者のケアを改善する推進力が低下するのではないかと<u>批評家</u>は懸念する。

　critics という名詞は、必ずしも専門家として批評する「評論家」を指すとは限りません。ここでは criticize という動作をする人達、つまり「批判する人達」という意味で使われていますから、次の修正訳が適切です。

修正訳　ほう助自殺が合法化されると、当該患者のケアを改善する推進力が
　　　　低下するのではないかと懸念する見方（向き、声）がある。

5 職業人と職業分野の関係

　動詞の原形＋ er、および「〜をする人（者）」を表す名詞が複数で使われ
る場合は、特定の職業に属す人々を総合的に指す場合があります。actors、
scientists、etymologists がその例です。英語の文書、特に技術文書ではこの
ような職業人を表すことばが頻出します。そのまま「役者達（俳優達）」「科
学者達」「語源研究家達」と訳しても意味は正しいのですが、人名を挙げた
りして特定の人物を指しているのでない限り、この種のことばを「〜者」
「〜人」と訳す代わりに、活動分野・職業分野として訳すと、日本語として
自然になることが少なからずあります。これはかなり適用範囲が広い技法
です。

例文 7

原文　　The origin of contemporary humans was a hot topic among
　　　　anthropologists during the 20th century.

試訳　　現代人の起源は、20 世紀において人類学者達の間で熱論が交わさ
　　　　れたトピックでした。

　この試訳はもちろん誤訳ではありませんが、別に人類学者を特定している
わけでもないので、人類学者達全体という意味で、下のように「人類学界」
ということばを使うと日本語らしくなります。

修正訳　現代人の起源は、20 世紀において人類学界で熱論が交わされたト
　　　　ピックでした。

　その分野に属す人達全体という意味に「〜界」を使わなくても、次のよう
な訳し方もあります。

例文 8

原文　　Swedish and American researchers have pursued the dream of reversing Parkinson's symptoms since the 1980s.

試訳　　1980 年代以来、スウェーデンと米国の<u>研究者達</u>は、パーキンソン病の症状をなくすという夢を追っている。

修正訳　1980 年代以来、スウェーデンと米国<u>では</u>パーキンソン病の症状をなくすという夢を追って<u>研究</u>が続いている。

第**4**章
順行訳

Chapter 4
The Top-Down Method

1　主要名詞を形容する表現に関する英日の違い

　名詞を修飾することばには形容詞、形容詞句、形容詞節があります。また、英語では冠詞も名詞を修飾します。形容詞は単語で、形容詞句と形容詞節は複数語で構成された形容詞的なことばです。そのうち、形容詞節は、その中に主語と動詞が含まれて文の形をしたものを言います。本書では、言語に関わらず、このような「形容詞的な役割を担うことば」をまとめて「形容表現」と呼ぶことにします。同様に、形容表現に限らず、ある品詞を修飾する表現を「修飾表現」と呼ぶことにします。たとえば、動詞を修飾する副詞、副詞句、および副詞節は、まとめて「修飾表現」と呼びます。

　最初に、名詞を修飾する形容表現の位置に関して、次の例文を使って英語と日本語の違いを考察します。

例文 1

原文　Last weekend, I visited an old town that has been around since the mid-19th century.

訳例　先週末、私は 19 世紀中頃から続いている古い町を訪ねた。

　この文の中から an old town that has been around since the mid-19th century

という名詞節を取り出して修飾関係を考えてみます。

　名詞には形容詞の場合と同じく、名詞句、名詞節という、単語の名詞と同じ働きをする名詞的な表現がありますが、その中で意味的に根幹部またはcore となっている名詞を、「主要名詞」（head noun）と呼びます。

　さて、例文1で我々が注目しようとしている名詞節の中心になっている名詞、つまり主要名詞は town です。この主要名詞には、それを修飾する（形容する）ことばが3つあります。そのうちの2つ、an および old は主要名詞を前から修飾しています。同時に that has been around since the mid-19th century という形容表現が、後ろから主要名詞 town を修飾しています。この修飾関係を図式化すると、次のようになります。

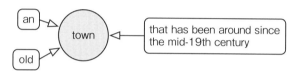

図6：主要名詞の修飾形態（英語）

　ところが日本語の場合、名詞を修飾する形容表現は、す・べ・て・被・修・飾・語・で・あ・る・主要名詞の前に来なければなりません。この関係を下図に示します。

図7：主要名詞の修飾形態（日本語）

　英語では、グレーの円に入った被修飾語（主要名詞）を、その前と後ろの両方から形容表現が修飾しています。ところが、これと等価の日本語では、形容表現はすべて主要名詞の前に来ています。

　それでも、この訳例は不自然ではなく、そのままでいいようです。

2 どのような場合に順行訳を考慮するか

2.1 修飾表現の数が多いとき

　さて、日本語では、例文 1 のように修飾表現の数が少なければ、それをすべて主要名詞の前に置いても大丈夫なようです。ところが、修飾表現の数が多くなったらどうなるでしょうか。次の例文を見てみましょう。

例文 2

原文　Every winter for ten years, my parents traveled to a small Caribbean beach lined with umbrellas in primary colors, with a complete view of an ancient volcano.

　この文で私が問題にしたいのは、my parents traveled to に続く名詞句です。この名詞句では、まず beach という主要名詞の前に a、small、および Caribbean という 3 つの形容表現が付いています。それに加えて、lined with umbrellas in primary colors と with a complete view of an ancient volcano という 2 つの形容表現が beach を後ろから修飾しています。つまり、beach という 1 つの主要名詞を 5 つの語句が修飾しているのです。この原文の主要名詞 beach の修飾関係を示したのが下図です。

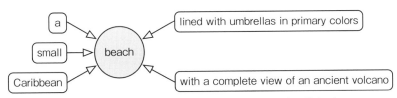

図 8 : 主要名詞の修飾形態（英語 : 修飾表現が多い場合 1）

　これを、修飾表現をすべて被修飾名詞（主要名詞）の前に配置する「従来の」方法で日本語に訳すと次のようになります。

試訳　　私の両親は 10 年の間、冬になるたびに、原色のビーチパラソルが並び、古火山が一望できる、ある小さいカリブ海のビーチに通った。

　この試訳では、主要名詞「ビーチ」に関して次の修飾関係が成り立っています。

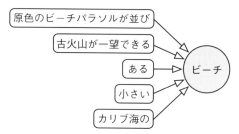

図9：主要名詞の修飾形態（日本語：修飾表現が多い場合1：修正前）

　これが自然な日本語の文であると思う人はいないと思います。主要名詞の前に来る修飾表現が多すぎて「頭でっかち」の日本語になっています。
　ここで順行訳という手法を紹介します。これは平たく言えば英語を頭から順に日本語に訳していく手法です。修飾表現はわざわざ全部主要名詞の前に持って来ず、そのうちいくつかは原文の並び方に従って、名詞の後で訳すようにします。
　では上の例文で、修飾表現のうち「ある」と「小さい」「カリブ海の」を、英語の通りに名詞の前に置いたままにして、残りの2つの比較的長い修飾表現を英語に従って「ビーチ」の後ろにまわして訳してみましょう。ここで、訳文を「切る」という作業があります。名詞の修飾表現が多くなると、日本語では1つの文では到底自然に訳せなくなります。そこで原文中のbeach の後でいったん文を切ってみます。その後、lined with 以下の修飾句を第2の訳文に入れて続けると、次のような訳ができます。

修正訳　私の両親は 10 年の間、冬になるたびに、ある 小さい カリブ海の ビーチに通った。そのビーチには原色のビーチパラソルが並んでおり、そこから古火山を一望できた。

　5 つの修飾表現が全部名詞の前に来て「頭でっかち」になっていた先ほどの試訳と比べて、上の順行訳では長めの修飾表現を主要名詞の後に持っていって新しい文に入れたため、全体的にすっきりして無理のない日本語になっています。これを図式化すると次のようになります。

図 10：主要名詞の修飾形態（日本語：修飾表現が多い場合 1：修正後）

　お気づきのように、この順行訳では「そのビーチには」と「そこから」ということばが追加されています。原文と訳文を突き合わせると、原文には存在しないことがわかります。これは訳文を 2 つに分けたために、「つなぎ」として必要になったことばです。原文にないものを追加してしまっていいのか、と思う方もいると思いますが、第 II 部：第 1 章で説明したように、我々は深層構造、つまり意味レベルでの同等性（または同価性）を求めているのですから、原文と訳文の間で表層構造に違いが出ても、意味が同じである限り、かまわないはずです。

　また、「ある小さいカリブ海のビーチ」を「カリブ海にある小さなビーチ」とした方が文の据わりが良いかもしれません。

　もう 1 つ、今度は修飾表現の数が多い上に、そのうちの 1 つが文の形をしていて長めになっている例を紹介します。

例文 3

原文　An effete, urban, liberal elite that values government controls more than individual liberties is conspiring to strip Americans of their right to keep and bear arms.

　上の原文では elite という被修飾語（主要名詞）の前と後ろに形容表現が 5 つも付いています。この名詞 elite の修飾形態を下図 11 に示します。

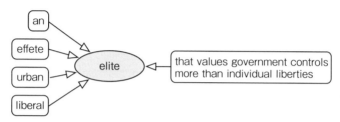

図 11：主要名詞の修飾形態（英語：修飾表現が多い場合 2）

　日本語では普通、修飾表現はすべて被修飾語（主要名詞）の前に来ます。この日本語の形容ルールに従って訳すと、次のようになります。

試訳　個人の自由より政府による規制を重視する、退廃的な 都会の 進歩派エリート層が、アメリカ人の武器を所持・携帯する権利を廃止しようと企んでいる。

　この日本語の修飾形態を下に図示します。

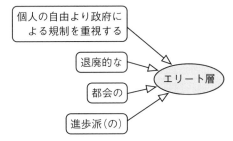

図 12：主要名詞の修飾形態（日本語：修飾表現が多い場合 2：修正前）

　英語では「エリート層」（主要名詞）の後ろから修飾している表現も、日本語では全部名詞の前に持ってきて被修飾語より先に訳しているため、修飾表現が「頭でっかち」の構造になってしまい、不自然になっています。英文の頭から語句を追っていき、that 以下の節（個人の自由より政府による規制を重視する）をそのまま「エリート層」の後ろに置いて文の形で訳すと、次のようになります。

修正訳　<u>都会の</u> <u>退廃的な</u> [6] <u>進歩派</u>エリート層が、<u>個人の自由より政府による</u>
　　　　<u>規制を重視して</u>、アメリカ人の武器を所持・携帯する権利を廃止しようと企んでいる。

　上の修正訳では、日本語で 4 つある修飾表現のうち、一番長い修飾節「個人の自由より政府による規制を重視する」を英語の語順通りに被修飾語の後ろに持っていくことによって「頭でっかち」の問題を解消しています。この修飾関係を次の図 13 に示します。

6　「退廃的な都会」ではなく「退廃的なエリート層」という修飾関係を明確にするため、「都会の」と「退廃的な」の語順を換えてあります。

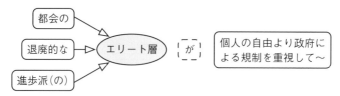

図13：主要名詞の修飾形態（日本語：修飾表現が多い場合2：修正後）

　一般的に、文や節の形の修飾表現は、順行訳を使って主要名詞の後ろに回して訳した方が、落ち着いて読みやすい訳になります。

2.2　修飾表現が長いとき

　主要名詞に対する修飾表現が1つしかなくても、それが比較的長い場合も順行訳を考える価値があります。

例文4

原文　　A U.S. base in northeastern Japan was targeted by missiles that landed outside the gate and injured no one but caused extensive damage to the gate walls.

　下の図を見るとわかる通り、非常に長い節がmissilesという主要名詞を後方から修飾しています。

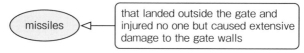

図14：主要名詞の修飾形態（英語：修飾表現が長い場合）

　日本語の修飾表現を定型的にすべて名詞missilesの前に持ってきて訳そうとすると、次の試訳のようになります。

試訳　　東北地方の米軍基地が、門の外側に着地し、けが人は出さなかったが門の壁に多大な損害を与えたミサイルの攻撃を受けた。

　図で見ると、修飾表現が主要名詞の前に重くぶら下がっていることがわかります。

図 15：主要名詞の修飾形態（日本語：修飾表現が長い場合：修正前）

　この試訳の意味はゆっくり読めばわかるのですが、やはり日本語として不自然な感は免れません。これは「ミサイル」という主要名詞を修飾する表現が長いために、それがすべて主要名詞の前に来て、頭でっかちの日本語になっているからです。英語の修飾表現は、その数が多い場合も、または長い場合も、名詞の前と後に適当に配分することができます。また名詞の後に関係節や分詞構文などの長い修飾表現を置いても、読みやすさにさほど支障はありません。ところが日本語には修飾表現はすべて主要名詞の前に来なくてはならない、というやっかいなルールがあるため、従来の訳し方ではどうしても頭でっかちになりがちです。

　この場合も順行訳を使って、長い形容表現を名詞の後ろに持ってくることを考えてみましょう。まず、前半の missiles までの部分のみを訳します。つまり、基地がミサイルの攻撃を受けたことを、どのようなミサイルであるかという修飾部分を抜いて訳します。

部分試訳 A　東北地方の米軍基地がミサイルの攻撃を受けた。

　ここで順行訳の出番です。残りの部分を新しい文として訳します。

部分試訳 B　（ミサイルは）門の外側に着地し、けが人は出さなかったが、
　　　　　　門の壁に多大な損害を与えた。

　この 2 つの文をつなぎ合わせて次の修正訳ができます。

修正訳　東北地方の米軍基地がミサイルの攻撃を受けた。このミサイルは
　　　　同基地の門の外側に着地し、けが人は出なかったが、門の壁が多大
　　　　な損害を受けた。

　「ミサイル」の頭にぶら下がっていた重りを後に回した結果を下に図示し
ます。

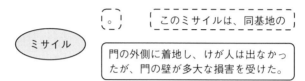

図 16：主要名詞の修飾形態（日本語：修飾表現が長い場合：修正後）

　この修正訳中の 2 つ目の文では「このミサイルは」と「同基地の」という
ことばが追加されています。これはもちろん日本語の構文（表層構造）上の
手入れをしたに過ぎません。
　また、私は「けが人は出さなかった」「損害を与えた」という他動詞表現
を、それぞれ「けが人は出なかった」「損害を受けた」という自動詞表現に
変えました。これは、ミサイルを主語にして、ミサイルが〜をしたという擬
人法を使うより、主語を変えて自動詞表現にした方が据わりが良いと判断し
たからです。
　英語では主要名詞の後に置かれている修飾表現を、従来通り日本語の構文
ルールに従って、すべてその名詞の前に持ってきて訳す方法を、順行訳と対
照させて「逆行訳」と呼ぶことにします。日本の学校英語では、英語の構文
を解釈する必要上、逆行訳が盛んに使われていました。英文解釈という目的
を考えると、逆行訳はもちろん解釈の助けになります。ただ、実務としての
翻訳作業では順行訳の方が日本語として読みやすく自然である場合が少なく
ありません。

2.3　1つの文が長いとき

　原文の長さが主要名詞とその形容表現の範囲を超え、様々な修飾関係が入り混ざって非常に長くなっている場合は、順行訳を使わないと大変なことになりかねません。次の例文で確かめましょう。

例文5［企業用ソフトウェア会社の自社紹介］

原文　As the leading provider of high-quality software and services for enterprise computing, we can help you translate your business goals into technical requirements to build a computing environment designed for maximum reliability, performance, efficiency and scalability.

試訳　企業用コンピュータのソフトウェアおよびサービスを高水準でお届けする業界リーダーとして、弊社は信頼性、パフォーマンス、効率、およびスケーラビリティにおいて最高に威力を発揮できるように設計されたコンピュータ環境を構築するため、お客様のビジネス目標を達成するための技術ニーズを割り出します。

　この試訳では意味をはっきり把握できません。順行訳作業の最初のステップとして、この長い原文を途中で何回か切り、複数の文にしてから訳すことを考えます。

切断 A（1）As the leading provider of high-quality software and services for enterprise computing,

　　　（2）we can help you translate your business goals to technical requirements

　　　（3）to build a computing environment

　　　（4）designed for maximum reliability, performance, efficiency and scalability.

　次に、（1）は1つの文として成立させ、（2）、（3）および（4）をそのままの順序で2番目の文にまとめます。下記の文中の下線部は、文にするために

追加したことばです。

切断 B（1）We are the leading provider of high-quality software and services for enterprise computing.

（2）We can help you translate your business goals to technical requirements, and

（3）we build a computing environment, and

（4）we design the computing environment for maximum reliability, performance, efficiency and scalability.

こうして切断処理を施した原文を訳すと、次のような順行訳ができます。

修正訳（1）弊社は、企業用コンピュータのソフトウェアおよびサービスを高水準でお届けする業界リーダーです。

（2）お客様のビジネス目標を達成するための技術ニーズを割り出し

（3）コンピュータ環境を構築して、

（4）信頼性、パフォーマンス、効率、およびスケーラビリティにおいて最高に威力を発揮できるように設計します。

　この切断処理を使うと、どのような形の文でも適切な場所で切れば、うまく順行で訳せます。もう 1 つの例を下に示します。

例文 6［ある注射薬の重度後遺症を持つ患者の出現に関する新聞記事］

原文　　The news has started much discussion within the medical ethics community, with some physicians arguing their patients deserve a chance at the shot as long as they have a clear purpose and understand the risks.

試訳　　今回のニュースがきっかけとなり、本人の目的がはっきりしており、リスクを理解していさえすれば患者にはこの注射を受ける権利があると主張する医師もいる中、医学倫理界では種々の議論が持ち上がっている。

　この試訳も長すぎて意味を迅速に掴むことができません。この文も、例文5のように切断処理をしてみます。

切断　（1）The news has started much discussion within the medical ethics community

　　　（2）with some physicians arguing their patients deserve a chance at the shot

　　　（3）as long as they have a clear purpose and understand the risks

　これを訳すと下の修正訳ができます。

修正訳　今回のニュースがきっかけとなり、医学倫理界では種々の議論が持ち上がっている。中には、患者にはこの注射を受ける権利があるとする医師もいる。本人の目的がしっかりしており、リスクを理解していさえすればいいという主張である。

2.4　時の接続詞や前置詞があるとき

　時を表す接続詞は第Ⅲ部：第7章「時の接続詞」で詳細に扱っていますが、as、when、while、before、after、till、until などがあります。このうち as、before、after、till と until は、時を表す前置詞としても使われます。こういった、時の表現を含む原文は、順行訳を使うと訳文の質が上がることが多いという私の言い分は、次の例文を見るとわかっていただけると思います。

例文7

原文　An armed former employee shot six workers to death at a C-Mart store in southern Illinois yesterday before freeing dozens of former colleagues and killing himself.

試訳　武装した元従業員が昨日、何十人もの元同僚らを解放して自殺する前に、イリノイ州南部にあるCマートの店舗で従業員6人を射殺した。

　この試訳が自然だと思う方はまさかいないと思います。2つまたはそれ以上の数のイベントが発生したときの時間の相互関係を示すのが時の接続詞または前置詞の役目です。この試訳は確かに各イベントの時間的相互関係を表していますが、意味を把握しにくいのが玉に瑕です。意味を把握しやすくするために思い切って before という時の表現の前でいったん文を切り、最初の文から訳すと、次の訳ができます。

修正訳　　武装した元従業員が昨日、イリノイ州南部にあるＣマートの店舗で
　　　　　従業員6人を射殺した後、何十人もの元同僚らを解放して自殺した。

　これで、従業員の射殺→捕虜の解放→自殺という順にイベントが発生したことがよくわかるようになりました。

2.5　目的の不定詞があるとき

　目的を表す to 不定詞は普通「〜をするために」と、逆行の形で訳します。たとえば次の例です。

例文8

原文　　Halfway through my commute, I had to turn back <u>to go home and grab</u> my office key I had left behind.

訳例　　通勤の途中で、忘れてきたオフィスのキーを<u>取りに</u>家に戻らなくてはならなかった。

　忘れ物を取りに行くという目的のために家に戻ったのですから、あきらかに目的の意味を持つ文です。その証拠に to を、あきらかに目的を表す前置詞句 in order to に変えても意味は変わりません。

　ところが、目的を表すと思われる to 不定詞の文に対しても順行訳が功を奏することがあります。たとえば次のような文です。

例文9［人工衛星のオペレーションに関する説明］

原文　　Close coordination is maintained between the Mission Director and

Contingency Director <u>to ensure</u> efficient operation.

試訳　　ミッション・ディレクターと緊急対策ディレクターは、効率的な運
　　　　転を<u>確保するために</u>、緻密な協力体制を維持している。

修正訳　ミッション・ディレクターと緊急対策ディレクターは緻密な協力体
　　　　制を維持して、効率的な運転を確保している（運転を効率的にして
　　　　いる）。

　試訳では逆行が使われていますが、修正訳では順行にして、単純接続の形
で訳してあります。意味にさほど違いはないと思います。

　このように、目的を表すと思われる to 不定詞が使われている原文でも、
特に目的をポイントとする文でない限り、順行訳を使っても差し支えない場
合が多数あります。順行訳という観念は広い範囲にわたって利用できる、い
わば英和翻訳のほぼ汎用的な観念です。

2.6　目的の前置詞 for があるとき

　目的の to 不定詞の代わりに目的の前置詞 for を使って目的を表すことが
ありますが、この場合も同じく順行で訳せることが次の例でわかります。

例文 10

原文　　This research institute collects numerous samples of air fresheners <u>for</u>
　　　　<u>scientific analysis of the ingredients</u> in an attempt to find those that
　　　　are friendly to sensitive skin.

試訳　　この研究所では、敏感肌にやさしい消臭スプレーを見つける試みと
　　　　して、<u>その成分の科学的分析のために</u>消臭スプレーのサンプルを数
　　　　多く集めている。

　この試訳（逆行訳）は一見問題なさそうに見えますが、いかに「硬い」訳
であるかをわかっていただけるでしょうか。

修正訳　この研究所では、消臭スプレーのサンプルを数多く集め、<u>その成分</u>
　　　　<u>を科学的に分析して</u>、敏感肌にやさしいものを見つけようとしている。

　この修正訳では、サンプルを集める、分析する、敏感肌にやさしいものを見つけようとする、という3つの行動を、原文に書かれた順序のままに訳してあります。試訳と比べてこちらの方が無理なく、読みやすくなっています。

2.7　結果の不定詞があるとき

　次の文のように、あきらかに結果を表すto不定詞の構文も順行訳を使います。

例文11 ［At a stage theater］

原文　　5 minutes after it was scheduled, the curtain went up to reveal an extravagant set of furniture for the inside of a mansion.

訳例　　カーテンは開演時刻より5分遅れて上がった。屋敷の内部の豪華な家具セットが現れた。

　家具セットを見せるためにカーテンが上がったのではなく、カーテンが上がった結果、家具セットが見えてきたという内容ですから、この場合は必ず上のように順行で訳さないと不自然になります。
　次の例文についても同じことが言えます。

例文12

原文　　She arrived at the eye clinic to realize (or learn, find) that she was off by one day.

訳例　　眼科クリニックに着いたとき、予約より1日ずれて来てしまったことに気づいた。

　眼科クリニックに着いた直後、間違った日に来てしまったことに気づいたのですから、あきらかな結果の意味です。この場合も上の訳例のように順行訳を使わないと、かえって変な文になってしまいます。
　結果を表すto不定詞は、文脈によっては「運命のto不定詞」と呼ばれることもあります。次の文もやはり順行でなくてはだめでしょう。

例文 13

原文　The playwright continued working on her last work in spite of her illness, never to see it produced on Broadway.

訳例　その劇作家は、病気であるにもかかわらず最後の作品を書き続けたが、この作品は本人の生前にブロードウェイでプロデュースされることはなかった。

2.8　イベントが発生した順に訳す

　今まで挙げた例文でわかるように、複数のイベントが発生した順に物事を書くと、読者の理解度が高まります。順行訳は、イベント順に訳す方法として最適なツールです。次の例を見ると、時を表す接続詞または前置詞が使われている場合は順行訳が役立つことがよくわかります。

例文 14

原文　On my first day of commute to my new office after I had relocated to a new town on a company transfer, I started using my smartphone to take photos of the scenes of the strange town before (= until) I realized that I had used up all the available storage space in my phone.

試訳　会社の転勤で新しい町に引っ越した後、通勤を始めたその日から、スマートフォンのメモリがいっぱいになる前に（まで）、この見慣れぬ町の景色をスマートフォンで撮っていた。

　この試訳は「メモリがいっぱいになる前に（景色を）撮っていた」の部分に難点があります。論理的には一応正しい訳なので、誤訳とは言えませんが、日本語として不自然です。ここでは複数のイベントが発生しています。下図は、この一連のイベントが発生した順序を示しています。

図 17：イベントが起こった順序

　この順序に従って、つまりイベントが発生した順に訳していくと、次の訳ができます。

修正訳　会社の転勤で新しい町に引っ越した後、通勤を始めたその日から、この見慣れぬ町の景色をスマートフォンで撮っていたが、気づいたらスマートフォンのメモリがいっぱいになっていた。

　このイベントの順序が、原文が書かれている順序と一致することに注目してください。
　次の文も、イベントが発生した順に順行で訳すことの優位性を示す典型的な例です。

例文 15

原文　The baby otters swam some 50 yards away from the den, <u>before</u> the cubs realized that they had ventured into a very large, frightening world without an adult to guide and protect them.

　この文に対して従来の逆行訳を使うと、次の試訳ができます。

試訳　　大人の引率も保護もないまま、とてつもなく大きく恐い世界に出てきてしまったのだと気づく<u>前に</u>、かわうその赤ちゃん達はすみかから 50 ヤードぐらい離れたところまで泳いできた。

　この試訳も読みにくく、かなりぎこちない日本語文になっています。「すみかから 50 ヤードぐらい離れた」というイベントがまず発生し、次に「大きな世界に出てきたことに気づいた」というイベントが発生したという順序に合わせて訳すと、次の修正訳ができます。

修正訳　かわうその赤ちゃん達は、すみかから 50 ヤードぐらい離れたところまで泳いで来たところで、大人の引率も保護もないまま、とてつもなく大きく恐い世界に出てきてしまったことに気づいた。

第1章
冠詞

Chapter 1
The Article

1　the と a（an）の訳し分け

　英語の冠詞は名詞の前に付き、その名詞の属性の一部を示します。名詞を修飾（modify or qualify）する品詞という意味では、ある種の形容詞と言ってもいいでしょう。冠詞には不定冠詞 a（an）、および定冠詞 the の2種類があります。また冠詞が名詞の前に付かない、いわゆる無冠詞の場合もあり、これも冠詞の使い方の一例です。

　不定冠詞については、a の次に来る名詞が母音で始まるときのみ、（文法的ではなく）音声学的な理由によって a が an に変わります。ですから、a と an は、文法的な観点からすれば同一のものです。

　冠詞は日本語にない上、短い単語なので、非ネイティブスピーカーはとかくその重要性を見逃しがちですが、名詞の前に a（an）が付いているか、the が付いているか、または無冠詞であるかによって、その名詞の意味が大きく違ってくる場合がよくあります。ですから、冠詞は日本語を母語とする翻訳者にとっては必修科目であると言えるでしょう。

　日本の学校では、まず定冠詞は既知の物事を表す名詞の前に使い、不定冠詞は次に来る名詞を特定せずに多くあるものの中の1つとして扱う場合に使うと習います。これはその通りです。例文1のAとBは、定冠詞と不定冠詞の意味の違いを表しています。

例文 1 ［コロナウイルス対策］
原文 A　<u>A</u> six-foot social distance mandate does not sit well with Georgians.
試訳 A　ジョージア州の人々にとって、6 フィート（2 メートル弱）のソー
　　　　シャル・ディスタンスの命令は受け入れがたい。

原文 B　<u>The</u> six-foot social distance mandate does not sit well with Georgians.
試訳 B　ジョージア州の人々にとって、6 フィート（2 メートル弱）のソー
　　　　シャル・ディスタンスの命令は受け入れがたい。

　上の例では、"a" を伴った原文 A と "the" を伴った原文 B の両方に対して
まったく同じ日本語の試訳があてがわれています。同じに訳しても誤訳とま
では言いきれないかもしれませんが、この試訳の日本語文は原文の a と the
の意味の違いを表出させていないため、意味が曖昧になっています。

　ここでの問題は、発話者がこの原文を発話した時点で、このソーシャル・
ディスタンスの命令が果たしてすでに（州議会などが案を承認したりして）
存在しているかいないかということです。A では a [...] mandate ですから不
定の状態、つまりはっきりした mandate が存在しない（＝不特定）ことに
なります。A six-foot social distance mandate would not sit well. という仮定法
の文にすると、現在時点では存在しないことがはっきり表されて、意味が
はっきりするかもしれません。

　反対に、B では the [...] mandate となっているため、この mandate はすで
に存在している（＝特定）ことになります。この事情を日本語でもわかるよ
うにするのが翻訳者の仕事です。皆さんはどうしますか。

　解決方法はいくつかあると思いますが、ここでは私の考えを紹介しておき
ます。

修正訳 A　ジョージア州の人々にとって、6 フィート（2 メートル弱）の
　　　　　ソーシャル・ディスタンスの命令<u>が出る</u>と受け入れがたい。
修正訳 B　ジョージア州の人々にとって、<u>この</u> 6 フィート（2 メートル弱）
　　　　　のソーシャル・ディスタンスの命令は受け入れがたい。

　上の修正訳では下線部からわかるように、命令が存在するのかしないのかを日本語訳にはっきり表出させてあります。修正訳Bでは「この」の代わりに「（現在）施行されている」（…の命令）と訳すと、その意味がいっそうはっきり出てきます。本来なら、意味の違いをこれほどあらわにして訳さなくても良いはずですが、何しろ冠詞という概念がない日本語のことですから、翻訳文の読者に対して「フレンドリー」にする目的で、上のように工夫して意味の曖昧さを避ける必要があると私は考えます。

2 ［数量形容詞＋名詞］に the が付く場合、付かない場合

　私が英和訳のエディティング（他の翻訳者による翻訳文章を意味解釈、文構成、および訳語の選択の視点からチェックする仕事）をしているとき、よく目にするのが、［the ＋数量形容詞＋名詞］と ［（無冠詞）＋数量形容詞＋名詞］との意味の違いが日本語訳に現れていないケースです。この2種類の表現は意味が異なるため、日本語訳にもその違いがわかる表現を使わないと誤訳になります。ここでは例として the many ... と many ... の場合の違いについて、次の例文2を使って考察します。

例文2

原文A　The many benevolent people I have met in my life so far have three traits in common.

試訳A　私のこれまでの人生で知り合った多くの親切な人は、共通点を3つ持っている。

原文B　Many benevolent people I have met in my life so far have three traits in common.

試訳B　私のこれまでの人生で知り合った多くの親切な人は、共通点を3つ持っている。

　原文 A は the many となっていますから、これまでの人生で知り合った親切な人は沢山いて、その数は特定されている、つまり決まっていることになります。では一体何人だったのですかと訊かれても私は困りますが、何人であれ、数は特定されています。これに対して原文 B の many には the が付いていないので、不特定の数になります。親切な人が沢山いたことはいたが、実際に何人とかは特定していないという意味です。

　このように意味が違う A と B の原文に対し、試訳ではどちらも同一の訳があてがわれています。これでは 2 つの原文の意味の違いが読者に伝わりません。下のように修正すると、意味の違いがはっきり出てきます。

修正訳 A　私のこれまでの人生で知り合った親切な人は<u>沢山いるが</u>、<u>その全員が</u>共通点を 3 つ持っている。

修正訳 B　私のこれまでの人生で知り合った親切な人<u>の中には</u>、共通点を 3 つ持っている人が<u>多い</u>。

　the many benevolent people という特定数の人々が 3 つの共通点を持っているという事実は、とりもなおさず、その全員に当てはまるわけです。これに対して、the を付けずに many と言うと、その数は特定されていません。「多い」とは言っているのですが、それがどのくらいの「多さ」なのかには言及していません。訳としては、単に「多い」「沢山いる」と述べるしかないと思います。これは、many という数量形容詞が「主観的」なことばであることに起因しています。これについては、第 III 部：第 3 章の「客観的数量形容詞と主観的数量形容詞」の項を参照してください。

　many と the many についてもう一度、次の例文 3 でその違いを確認してください。

例文 3

原文 A　This amenable climate leads to year-round play on <u>the many</u> golf courses.

訳例 A　この穏やかな気候のため、<u>数多くある</u>ゴルフコースでプレイを一年中楽しめる。

原文 B　This amenable climate leads to year-round play on <u>many</u> golf courses.

訳例 B　この穏やかな気候のため、プレイを一年中楽しめるゴルフコースが<u>多い</u>。

　さて、［数量形容詞＋名詞］の前に the が付くか付かないかの問題は、もちろん今まで考察してきた［many＋名詞］の場合だけとは限りません。Many 以外の数量形容詞の場合も同様です。例文 4 ではパーセント値が数量形容詞として使われています。この場合ももちろん、前に the が付くか否かで意味が変わってきます。

例文 4［日本で終身雇用制を享受しているのは全就労人口の 20% しかいない事実に関して］

原文 A　<u>The 80%</u> of workers who do not enjoy lifetime employment feel that today's Japanese management teams are as brutal as any in the American business world.

訳例 A　終身雇用を享受していない<u>（全就労人口の 20% 以外の）残りの</u><u>80% の労働者達</u>は、今日の日本企業の幹部はアメリカ企業の残忍な幹部と何の変わりもないと感じている。

原文 B　<u>80%</u> of workers who do not enjoy lifetime employment feel that today's Japanese management teams are as brutal as any in the American business world.

訳例 B　終身雇用を享受していない<u>労働者達のうち 80%</u> が、今日の日本企業の幹部は、アメリカの企業の残忍な幹部と何の変わりもないと感じている。

　まず、例文 4 の冒頭にある背景説明から、終身雇用制を享受していない日本人就労者は日本の全就労者のうち 80% であることがわかります。原文 A ではそれを受けて、その 80 ％（the 80%）の人達が「日本企業の幹部はアメリカ企業の幹部と何の変わりもない」と感じている、と言っています。つまり、全体の就労人口の 80 ％ にあたる人達の全員がそう感じているという意

味になります。ですから、原文を All of the 80% of workers who do not enjoy ...
と変えても意味は同じです。

　また、原文 A では「日本の全就労者」が全体（＝100%）になっています
が、これに対して原文 B では、「終身雇用制を享受していない日本人就労者」
が全体になっています。ですから A と B では「今日の日本企業の幹部は、
アメリカの企業の残忍な幹部と何の変わりもない」という意見を持つ人の数
がおのずと違ってくるため、意味が違うという結果になります。

3　冠詞と序数詞

　前項で述べた［数量形容詞＋名詞］の前に the が付くかどうかという問題
は、first、second、third などの序数詞に the が付くかどうかという問題と同
類です。序数詞も、名詞を修飾するという点において、形容詞と見なすこと
ができます。［冠詞＋序数詞＋名詞］の問題は、意味を解釈する上で非ネイ
ティブスピーカーが特に注視するべき点だと私は考えます。日本の学校で
は、序数詞には常に定冠詞 the が付くと習います。これは正解、不正解のど
ちらの場合もあります。まず次の例文を検討してください。

例文 5

原文　　I am not sure if this plant will bloom for a second time.

訳例　　この植木がもう 1 回花を付けるかどうかわからない。

　この文では最初に I am not sure と言っています。ということは、花が 2
回目に咲くことは不特定、つまり特定していません。発話者は、1 回目は咲
いてくれたが 2 回目は不確かだと思っているということで、不定冠詞 a が付
いています。ネイティブスピーカーは、この文脈では the を使いません。
少々驚いた方もいらっしゃると思いますが、［a（または an)＋序数詞＋名詞]
というパターンは、英語圏の生活の中で頻出します。この情報は、日本語か
ら英語に訳す場合に功を奏すかもしれません。

　［a（または an）＋序数詞＋名詞］型の英文と［the ＋序数詞＋名詞］型の英文を、その意味上の違いを出して訳し分けることは少々難しいと思いますが、次の例で考えてみてください。

例文 6

原文　In the trial of the man accused of serial killing, the witnesses included two men who had pleaded guilty to murder in an unrelated case. A third witness admitted involvement in another shooting, and a fourth had been accused of a $50,000 theft.

試訳　連続殺人の疑いのあるこの男性の裁判における証人の中には、この事件とは無関係の殺人事件で有罪を認めたという男性が 2 人いた。3 番目の証人は、別の発砲事件に自分が関係していると認めていた。また、4 番目の証人には 5 万ドルの窃盗容疑があった。

　3 番目と 4 番目の証人はこの記事によれば実在するので、特定の人達を指しているから定冠詞 the を付けてもよさそうなのですが、原文ではどうして不定冠詞が使われているのでしょうか。

　この疑問について考えるため、この原文の冠詞を the third witness、the fourth (witness) という定冠詞の文に置き換えてみましょう。そうすると私は、それでは第 5 番目、第 6 番目などの証人が他にもいるのかな、それとも証人は 4 番目の人までで、それ以外にはいないのかなと思ってしまいます。the third、the fourth という既定、特定の表現で数えているため、それでは証人は全員で何人いるのかなとか勝手に不思議がってしまいます。でも a third、a fourth という不定冠詞を伴った表現にすると、順序・順番といった観念がなくなってきます。つまり、はっきり「この人は 3 番目、この人は 4 番目」と順序を問題にして数えているわけではなく、証人の中には今挙げた 2 人の他にもこういう人達がいたという意味になるのです。順序・順番を特定していないという点で、定冠詞「the」より不定冠詞「a」の方がふさわしいことがわかります。意味的には Other witnesses included a man who admitted... と置き換えてもいいでしょう。この意味を表出させると、次のような訳ができます。

修正訳　連続殺人の疑いのあるこの男性の裁判における証人の中には、この
　　　　事件とは無関係の殺人事件で有罪を認めたという男性が2人いた。
　　　　その他、別の発砲事件に自分が関係していると認めた人、さらに5
　　　　万ドルの窃盗容疑のある人も証人となっていた。

　次の例も同様にして訳せます。

例文7

原文　　To study the concert from multiple angles, the balletomane sits one day
　　　　in front center, moves to the balcony for a second night, and can be
　　　　found in the SRO section on a third.

訳例　　このバレエ・マニアは、バレエのコンサートをいろいろな角度から
　　　　研究するため、ある日は最前列中央の席に座り、その次に行った日
　　　　はバルコニー席に移り、他の日は立見席に行くというように日に
　　　　よって場所を変えている。

　次に、少々毛色が違った例を紹介します。

例文8

原文　　My good friend Tobey Cochran is a third-generation Floridian who
　　　　graduated from the University of Florida in Gainesville and eventually
　　　　became a prominent lawyer.

訳例　　私の親友トビー・コックランはフロリダ州出身で、家族がフロリダ
　　　　に住み始めてから3代目になる。ゲインズビルにあるフロリダ大学
　　　　を卒業した後、結局は著名な弁護士になった。

　トビー・コックランさんは「3代目のフロリダ人」ですから、親族はおじい
さんの代からフロリダに住んでいることになりますが、この場合の third は、
本来の序数の意味で使われているので「第3番目の」という解釈で正解です。
それなら the third-generation Floridian になるはずなのに、a third-generation
Floridian と不定冠詞が付いているのはどうしてでしょうか。

　この場合の答えは、a という不定冠詞が（third-generation ということばを通り越して）Floridian という名詞を修飾しているからです。つまり、third-generation Floridian である人は多数いて、コックランさんはそのうちの 1 人なので a が付いたということになります。よって、原文は次の文と同じ意味になります。

等価文　Toby Cochran is a Floridian whose family came to Florida three generations ago. He graduated from the University of Florida in Gainesville to eventually become a prominent lawyer.

　英語の冠詞は意外に解釈が難しい場合があり、その解釈によって当然日本語訳も異なってくるべきであることに気づいていただけたでしょうか。冠詞は日本語にない品詞であるだけに、特に気をつけたい品詞です。

The Way I See It (2)　　　　　　　To Use or Not to Use *the*

Episode 1　　　　Last week the Germans, you can keep the Germans,

　　　　　　　　Always cheap, the Germans, even on a trip.

　　　　　　　　But this week Americans, open-armed Americans,

　　　　　　　　I am charmed, Americans, welcome, welcome, welcome.

　イタリアの小さなホテルの女主人はアメリカ人観光客が好き。他国からの客に対しては悪口ばかり。アメリカ人は the を付けずに呼ぶが、他国からの観光客はthe Germans のように皆 the を付けて呼ぶ。

　　出典: *Do I Hear A Waltz?* – A Broadway musical (1965, lyrics by Stephen Sondheim, music by Richard Rodgers)

Episode 2　　　　the Japs

　アメリカ人が当時敵であった日本軍を指して使った軽蔑語。

The Pacific War, 1941 to 1945

Episode 3　　　　The Russians are coming!

　時は冷戦中、宿敵ソビエトの潜水艦がアメリカ東海岸の沖合にある島の砂州に乗り上げると、島は大騒ぎになる。

　　出典: *The Russians Are Coming, the Russians Are Coming* – An American movie (1966, directed by Norman Jewison)

Episode 4　　　　The British are coming!

The American Revolutionary War, 1775 to 1783

　ある国民を総称して呼ぶ場合、前に the を付けても付けなくても意味は通常変わりません。どのような人がその国に住んでいても、その国民全体を指します。でも the が付いた場合は、何らかの「色」が付く場合があります。戦争環境では、敵軍を「憎い敵の奴ら」というニュアンスで the を付けて呼びます。この場合は敵国民全体と言うより、その軍隊という特定集団を指しているようです。Episode 1 では、チップも払わないケチなドイツ人観光客という意味で the を付けることにより、ドイツ人全体ではなく、イタリアに観光に来るドイツ人を指しているようです。英語の冠詞は都合のよい道具に見えますが、やはり大変ですね。

第2章
代名詞

Chapter 2
The Pronoun

英語の代名詞は、大きく分けて5種類あります。各種類の代表的な代名詞を次の表に挙げます。

表8：英語の代名詞の種類

		単数	複数
1.　人称代名詞	第一人称	I	we
	第二人称	you	you
	第三人称	he; she	they

	単数	複数
2.　指示代名詞	this	these
	it; that	they; those
3.　不定代名詞	another; any; one; other; some	any; ones; others; some

	主格	所有格	目的格
4.　疑問代名詞	what; who; which	whose	what; whom; which
5.　関係代名詞	who; that; which; what	whose	whom; that; which; what

1 人称代名詞の訳し方

　まず、二人称代名詞 you を機械的に「あなた」と訳すのは考えものです。たとえば、日本人 2 人がお互いを呼ぶ際、「あなた」を使うのはどのような場合でしょうか。妻が夫を呼ぶ場合ならいいでしょう。ところが、ビジネスミーティングの場合であれば「御社」「貴社」など、また男友達同士の場合ならお互いの苗字を呼び捨てで使ったりニックネームを使ったりするのが典型的な呼び方だと思います。また、先生は生徒に「〜君」「〜さん」または呼び捨てで呼びかけ、生徒は先生に「〜先生」または単に「先生」と呼びかけます。いずれの場合も「あなた」は使いません。つまり、英語の you に対する日本語の適訳は、文脈によって様々であるということです。

　三人称代名詞 he および she、またその複数形 they について言うならば、日本人同士の会話では「あの人」「あいつ」などのことばを使います。最近の日常会話では「彼」「彼女」を使うのが自然になってきたとも言えますが、我々が問題にしている翻訳、つまり書く日本語に関して言うと、「彼」「彼女」はあまりにも昔の翻訳調に聞こえてしまいます。

　それでは「あなた」「彼」「彼女」などの人称代名詞の代わりに何を使って訳したらよいのでしょうか。次の例文で考察してみます。

例文 1

原文　No participants had any clue as to who had planned the extravagant birthday party for Cory until[7] they were about to leave, when he revealed that he had.

試訳　コーリーの誕生日パーティーに集まった人達は、誰がこの贅沢なパーティーを計画したのか、まったく見当が付かないでいたが、帰るころになってやっと、彼が自分で計画したことを明かした。

7　not ... until ... の構文については第Ⅲ部：第 7 章「2　not ... until の訳」を参照してください。

　この試訳では、he revealed that he had ... の中の最初の he に対する訳語が
「彼」となっています。これは誤訳とは言えませんが、翻訳としては不自然
です。ところが 2 番目の he はうまく「自分」ということばを使って訳して
あるので、最初の he に対しても何とかがんばって「彼」以外の訳語を見つ
け、日本語らしくしたものが下の修正訳です。

修正訳　コーリーの誕生日パーティーに集まった人達は、誰がこの贅沢な
　　　　パーティーを計画したのか、まったく見当が付かないでいたが、帰
　　　　るころになってやっと、コーリーが自分で計画したことを明かした。

　上の修正訳は、「彼」の代わりに「コーリー」という固有名詞を使って自
然に訳した例です。
　また、英語の人称代名詞を、固有名詞ではなく、日本語の普通名詞を使っ
て訳すとうまくいく場合もあります。

例文 2
原文　Every invitee was present at Corey's birthday party, except for himself.
試訳　コーリーの誕生日パーティーに招待された人達は皆出席していた
　　　が、彼自身は欠席だった。

　試訳では「彼自身」と訳してあります。意味としては正しいので誤訳とは
呼べませんが、次のような工夫ができます。

修正訳　コーリーの誕生日パーティーに招待された人達は皆出席していた
　　　　が、主賓本人は欠席だった。

　つまり、この場合は「彼」の代わりに普通名詞「主賓本人」を使ってあり
ます。

2　能ある翻訳者は代名詞をどうするか

　英語の人称代名詞のもう 1 つの処理方法は「訳さない」ことです。つまり隠してしまうのです。日本語では、英語のように既出の名詞を代名詞で受けるということがあまり起こりません。代名詞はわざわざ訳さなくても、意味が十分通じるのであればそれでよいのです。

例文 3

原文　　Americans are raised to believe that they have a constitutional right to
　　　　do whatever they deem right.

試訳　　アメリカ人は、彼らが正しいと思ったことは何でも実行できる憲法
　　　　上の権利を彼らは持っていると教わって育つ。

　上の原文には三人称代名詞 they が 2 回出てきますが、試訳ではそれぞれを「彼ら」と忠実に訳してあります。代名詞をいちいちそのまま訳さなくても、この場合、最初の they は隠すことを考えましょう。能ある鷹は爪を隠しますが、能ある翻訳者は代名詞を隠すということです。2 回目の they を「自分」と訳すと、意味を変えずに下のような自然な訳ができます。

修正訳　　アメリカ人は、自分が正しいと思ったことは何でも実行できる憲法
　　　　　上の権利を持っていると教わって育つ。

　ここで英語の人称代名詞を自然な日本語に訳す技法をまとめると、次のようになります。

・人称代名詞の指す人の固有名詞を使う。
・人称代名詞を文脈に沿った適切な普通名詞に置き換える。
・人称代名詞を隠す（訳さない）。

3 指示代名詞の訳し方

　this、that などの指示代名詞（［this + 名詞］のように形容詞として使われることも多々ある）も、人称代名詞と同様、訳さずに隠すと自然になることがあります。一例として、that という指示代名詞が含まれている例を見てみましょう。

例文4

原文　The applicant needs to provide his or her full name and that of his or her spouse on this form.

試訳　申請者は、彼または彼女の氏名と彼または彼女の配偶者のそれをこの用紙に書く必要がある。

　この試訳がおかしいことは、おわかりいただけると思います。まず、英語の場合、無性の名詞（この場合 the applicant）を代名詞で受けるときは、男性、女性のどちらの場合も考えられるため、このように両方の性を並べざるをえません。ところが日本語にはこういった制限がありませんから、男女にこだわる必要がありません。

　次に、that of his or her spouse を「～のそれ」と訳すのはあまりにも直訳的です。昔の学校文法では、英文解釈をするときに確かに that を「それ」「あれ」と訳していましたが、これはあくまでも「解釈」の手段としてそう訳していたのであって、実務翻訳のときに「それ」「あれ」を使わなければならないという法はどこにもありません。そのまま指示代名詞として訳す代わりに普通名詞の「氏名」を繰り返してもいいでしょう。この原文の場合は、下の修正訳のようにすっきりさせることができます。

修正訳　申請者は、自分と配偶者の名前をこの用紙に書く必要がある。

　能ある翻訳者は、代名詞を「固有名詞に変える」または「普通名詞に変える」ほか、能ある鷹が爪を隠すように、代名詞を「隠す」こともします。

第**3**章
数量形容詞

Chapter 3
The Quantitative Adjective

1 数量形容詞を含む主語の訳し方

　Numerous invoices、some locations、thirty years、a little juice などに見られるように名詞句を修飾し、ものの数や量を表す形容詞を、数量形容詞と呼びます。[数量形容詞＋名詞] という名詞句だけを訳すのであれば、そのまま英語の語順に従って「多くのインボイス」「いくつかのロケーション」などと訳しても問題はないと思います。が、その名詞句が英文の主語として使われている場合、日本語の訳文でも英語と同様に主語として訳すと、不都合が出てきます。

　まず、数量形容詞を含む英文を2通りに訳してみます。試訳と修正訳の日本語としての響きの違いを考えてみてください。

例文1　[In the past year, the number of psychiatric clinics offering help for the burned-out, laid-off business person has increased tenfold.]

原文　Many can't face the shame of telling their families about their depression.

試訳　多くの人々が恥ずかしくて自分の鬱病のことを家族に告白できずにいる。

修正訳　恥ずかしくて自分の鬱病のことを家族に告白できずにいる<u>人が多い</u>。

　例文1では、many という典型的な数量形容詞が文の主語を形容する形で使われており、これを従来のように訳したのが試訳です。修正訳では、この数量形容詞の訳が文の述部、すなわち後部に移動していることがわかります。試訳と修正訳を比べると、試訳が何となくぎこちなく感じるのに比べて、修正訳は日本語として滑らかに感じることに気がつきましたか。これが、英語の数量形容詞を訳すコツです。

　また、同じ数量形容詞でも、否定的な意味のものは、もう皆さんはすでにきれいな訳し方を学校で習っているはずです。

例文2

原文　　A lot of people ran for the seat, but <u>none of them</u> won support from a majority of voters.

訳例　　立候補者は大勢いたが、投票者の過半数支持を得た人は<u>一人もいなかった</u>。

　原文の前半の節 A lot of (= many) people ran for the seat の訳し方は、先ほど説明しました。2つ目の節 none of them won support from a majority of voters は否定文です。否定文の場合、[数量形容詞＋名詞]の形の主語をそのまま主語として和訳することはできません。上の訳例のように、日本語では none of を述語の一部として訳すしか、方法がありません。

　ここで本題に返って、肯定文の訳を考えます。数量形容詞の付いた主語を日本語でもそのまま主語として「多くの〜」とか「小数の〜」と訳してはいけない、とは私は言いません。実際、この訳し方しか使えない場合もあります。しかし、数量形容詞を見たら、まず例文1と例文2のように述語として訳すことを考えるべきです。述語にした方が無理のない訳文になる場合が多いからです。

　次に、もう1つの典型的な数量形容詞 some について考察してみます。

例文 3

原文　Some experts predict 48 million Americans will be over 85 by 2050.

　例文 3 には some の他に 48 million という数値の形容詞が出てきますが、これも立派な数量形容詞です。まず、この原文を従来的に訳してみます。

試訳 1　何人かの専門家は、2050 年には 4,800 万のアメリカ人が 85 歳を超えると予測している。

　この従来訳を、数量形容詞を文の述部に持っていくという技法を使って修正すると、次のようになります。

試訳 2　2050 年には 85 歳を超えるアメリカ人が 4,800 万人にのぼると予測する専門家が何人かいる。

　試訳 2 では 48 million の訳がきれいにできました。Some も訳文の述部に持っていくことによって自然になりました。ところが、some ということばを「何人か」または「数人」（この例では人間ですが物の場合は「いくつか」「数個」など）と訳すと、意味上、都合が悪くなることがあります。だいたい、この例文 3 において some experts が何人程度を表すのかが、原文で見た限りでは、はっきりわかりません。10 人程度であったかもしれないし、100 人ほどいたのかもしれませんから、5 人とか 6 人程度の人数を想像させる「何人か」とか「数人」という訳は使えません。たとえば、その専門家の総数が仮に 11 人であった場合は、「～という専門家が何人かいる」と訳しても適切ですが、数がまったく想像できない場合は some の訳を次のようにするのが賢明です。

修正訳　2050 年には 85 歳を超えるアメリカ人が 4,800 万人にのぼると予測する専門家もいる。

「（中には）〜と予測する専門家もいる」くらいの訳にしておけば無難であるし、第一その方が日本語として自然な響きがあります。

次に、some に関連して a few という数量形容詞を考えてみましょう。これも「少し」「少数」と訳すと問題が起きることがあります。正確にどのくらいの数を指しているのかは、a few という表現だけからではわからないからです。文脈によって 2、3 個かもしれないし、500、600 なのかもしれません。実際の数は、文脈または発話者や筆者の背景知識に依存するからです。つまり、a few は発話者または筆者の「主観」で使われる数量形容詞と言えます。本章でこれまでに考察した many、some、a lot of もこの「主観的」な数量形容詞に当たります。

たとえば many について考えると、同じ 100 人でも、1,000 人中 100 人がまれな難病に罹っているとしたら many でしょうが、1,000 人中、高卒者が100 人だとしたら、少なくとも現在の先進国では many とは言えないでしょう。このように「主観的」な意味を持つ数量形容詞は他にも several、(a) little など沢山あります。

2　many の訳としての「多くの〜」と「〜の多く」の違い

ここで many という数量形容詞の特異性について一言。many が英文の主語を形容している場合、「多くの〜」と訳すと不自然になりやすいのはわかるが、「〜の多く」とするのはどうか、という意見もあります。この問題について次の例で考察してみます。

例文 4

原文　Many tech-savvy people are starting to use robots in their households.

試訳　テクノロジーに精通した人達の多くが家庭内でロボットを使い始めている。

この試訳は一見正しい訳のようですが、こう訳すと意味の面で不適切です。Many tech-savvy people の意味は、前項で述べた通り「主観的」に数が多いということで、計算された具体的な数は示していません。主観的という

ことは、その意味が文脈や背景知識によって違ってくるということです。

　さて、この主観的な、すなわち意味が文脈や背景知識に依存する many ということばが文の主語に使われた場合、一様に「〜の多く」と訳すとどうなるでしょうか。例文 4 において、Many tech-savvy people を試訳のように「テクノロジーに精通した人達の多く」とすると、「テクノロジーに精通した人達のうちの大多数（過半数、半分以上）」という、かなり具体的な、または客観的な意味にとられてしまう可能性があります。原文の意味はあくまでも単に主観的に「多い」ということで、過半数なのかどうかは述べられていません。解決方法として、下の修正訳のように主語に含まれる数量形容詞を訳す際の技法を通常通り使うと、単に「多い」といっているだけで、その絶対数は示していないことになります。

修正訳　テクノロジーに精通した人達の中には、家庭内でロボットを使い始めているという人が多い。

　「多くの〜」と「〜の多く」の微妙な意味の違いの問題ですが、意味が曖昧になるという点において、「〜の多く」を many の訳として使うときは注意が必要です。

3　主観的数量形容詞と客観的数量形容詞

　前項で考察した many、some、a lot of、a few など、「（席数が）多い」とか「（コストが）高い」とかを発話者が「主観的」に判断し、そのものの数量に関する印象として使う数量形容詞を総じて「主観的数量形容詞」と呼ぶことにします。

　これに対して a half of、all (of)、46% of など、形容する名詞の絶対数量を表す形容詞が存在します。この種の形容詞は、誰が見ても客観的に数量を判断できる場合に使われます。また、これに準じる形容詞として、はっきりした数量がわからなくても、おおむねの絶対数量または全体に対する割合を表す数量形容詞も、この類に入れることにします。例として almost all、a majority of、less than a half of、および most が挙げられます。この種の数量

形容詞を総じて「客観的数量形容詞」と呼ぶことにします。

　下に客観的数量形容詞が使われている例文を挙げます。試訳では従来訳を使っています。

例文 5

原文　In a recent poll covering 10,000 adults, 54% of the respondents said they felt Japan was becoming worse off.

試訳　1 万人を対象にした最近のアンケートでは、54% の人が日本の状況が悪化していると回答した。

修正訳　1 万人を対象にした最近のアンケートでは、日本の状態が悪化していると回答した人が 54% いた。

　例文 5 で使われている %（パーセント）という客観的数量形容詞についても、many などの主観的数量形容詞と同じ手法、すなわち日本語訳を述部に持っていく方法が使えることがわかります。その他の客観的数量形容詞も同様です。

　次の表では、英語の主な数量形容詞を、主観性・客観性、および形容する対象になる名詞の可算性によって区分けしてあります。数量形容詞を含んだ主語を訳すときの参考にしてください。

表 9：主観・客観と可算・不可算の見地から区分した英語の主な数量形容詞

形容の対象	数量形容詞		[数量形容詞＋名詞] の例
可算名詞のみ	［数詞］ (客)[8]		two pancakes; 3,400 specimens
	［単位付数詞］ (客)		9-foot-tall wall; 12-km line; 5% chance
	［分数］ (客)		two-fifths of a pie; a third of the
	a couple of [9] (客)		a couple of oranges; a couple of themes
	a pair of (客)		a pair of scissors; a pair of pants

8　このマークが付いた項目はすべて客観的数量形容詞です。それ以外の項目はすべて主観的数量形容詞です。

9　a couple of という数量形容詞は厳密的には「（対になった）2 つの」の意味ですが、英語圏の日常生活では「2 つとか 3 つあたりの数の」という緩い意味で使われる場合があります。

形容の対象	数量形容詞	[数量形容詞＋名詞] の例	
可算名詞 のみ	(a) few	a few samples; a few instances	
	countless	countless awards; countless stars	
	many	many clients; many thoughts	
	numerous	numerous opportunities	
	several	several books; several species	
	various	various cases; various types; various jobs	

形容の対象	数量形容詞	[数量形容詞＋名詞] の例
不可算名詞 のみ	(a) little	a little patience; a little water
	much	much aid; much discussion; much hope

形容の対象	数量形容詞		[数量形容詞＋名詞] の例
可算名詞 と 不可算名詞	abundant	可算	abundant marine products
		不可算	abundant moisture; abundant joy
	a lot of (lots of)	可算	a lot of birds; lots of friends
		不可算	a lot of evidence; lots of luck
	a pile of	可算	a pile of clothes; a pile of leaves
		不可算	a pile of clothing; a pile of sand
	a variety of	可算	a variety of tech jobs
		不可算	a variety of recreation
	a wide range of	可算	a wide range of activities
		不可算	a wide range of advice
	copious	可算	copious notes; copious tears
		不可算	copious knowledge
	plentiful	可算	plentiful resources
		不可算	plentiful harvest
	some	可算	some butterflies; some opinions
		不可算	some entertainment
	all ㊝	可算	all students; all behaviors
		不可算	all baggage
	almost all (of) ㊝	可算	almost all companies
		不可算	almost all (of the) literature

可算名詞 と 不可算名詞	(a *or* one) half of 客	可算	a half of the precincts
		不可算	half of the rice
	a majority of 客	可算	a majority of voters
		不可算	a majority of the public
	most 客	可算	most properties; most assets
		不可算	most water; most weight

4 all、each、および every

　次に all という数量形容詞について考察します。「all ＋名詞」という形の英語の名詞句を機械的に「すべての〜」と訳す習慣を持っている人はいませんか。たとえば all members を「すべてのメンバー」、all chapters を「すべての章」と訳すことは、もちろん誤訳には当たりませんが、時にはこれより気の利いた、簡潔な言い方も使えます。

　「all ＋名詞」を訳すときは、「すべての〜」というように、all の訳を英語に従って名詞の前に置く他に、名詞の後ろに回して訳すことも可能であることを念頭に置いてください。次の表に例をいくつか示します。また、「each ＋名詞」と「every ＋名詞」の場合も同様なことが言えます。

表 10：all、each、および every の日本語訳例

数量形容詞	英 語 の 例	日 本 語 の 対 訳 例	
	数量形容詞＋名詞	名詞＋数量形容詞	数量形容詞＋名詞
all	all members	メンバー全員	全メンバー
	all devices	デバイス全部	全デバイス
	all planets	惑星はどれも	全惑星
	all new students	新入生は皆	全新入生
	all humankind	人類全体	全人類
	all contents	内容すべて	全内容
each	each step	段階ごとに	各段階
every	every town	町ごとに	どの町も

第4章 副詞

Chapter 4
The Adverb

　英語の副詞は、very much および more closely のように別の副詞を修飾することもありますが、主に動詞、形容詞、および文全体の3種類の文法カテゴリを修飾します。次の3つの例文は、それぞれの場合の例です。

例文1［動詞 reach を修飾する］

原文　Batters who reach base <u>safely</u> are referred to as base runners.

訳例　ホームベースに<u>無事</u>戻るバッターはベースランナーと呼ばれる。

例文2［形容詞 hidden を修飾する］

原文　We went on a trip to uncover the <u>safely</u> hidden treasure.

訳例　<u>安全に</u>隠してある宝物を探す旅に出かけた。

例文3［文全体を修飾する］

原文　It can <u>safely</u> be said that it is time for all nations to work together toward global peace.

訳例　世界諸国が協力して世界平和を目指す時が来ている<u>と言えよう</u>。

　上の例文 1 と例文 2 は、safely という副詞がそれぞれ動詞を修飾（「無事
戻る」）している場合と形容詞を修飾（「安全に隠してある～」または「安全
な形で隠してある～」）している場合を示しています。この 2 つの場合は、
普通にそのまま訳して問題ないようです。が、例文 3 は少し毛色が違い、文
全体を修飾している場合です。

1　文修飾の副詞の訳し方

　さて、文を修飾する副詞の訳し方を考察するため、下の例文 4 で rightly
という副詞に注目してみます。

例文 4

原文　　The wealthy widow gave the university's music program a great deal of
　　　　money, and the music building <u>rightly</u> bears her name now.

試訳　　金持ちの未亡人は、その大学の音楽学部に多額を寄付した。今では
　　　　音楽学部の校舎に<u>正しく</u>この人の名前が付いている。

　上の日本文が誤訳であることは一目瞭然です。誤訳の原因は、rightly が
bears という動詞を修飾していると解釈したことです。音楽学部の校舎にこ
の未亡人の名前が「正しく」または「正しい方法・形で」付いていると考え
るのは「無理強い」な感じがしませんか。

　この rightly は文全体を修飾する副詞であると考えた方がよさそうです。
それではこの rightly が the music building bears her name now という文全体
を修飾するものと解して、つまり「今では音楽学部の校舎にこの人の名前が
付いている」ことが right であるとして訳すとどうなるでしょうか。

修正訳　金持ちの未亡人は、その大学の音楽学部に多額を寄付した。音楽学
　　　　部の校舎に現在この人の名前が付いているのも<u>もっともなこと</u>（<u>当
　　　　然</u>）である。

　これでうなずける訳になりました。上の日本語訳では right の意味が文の後部に現れています。文を修飾する副詞は、その意味を文の後方に持ってきて訳すと自然になります。では、もう1つ典型的な文修飾の副詞を考えてみましょう。

例文 5

原文　　Loch Ness is <u>reportedly</u> the home of the so-called Loch Ness monster, but its existence has never been proven.

　この副詞も、意味を文の後方に持ってきて次のように訳すのが自然です。

訳例　　ネス湖はいわゆる「ネス湖の怪物」のすみか<u>と言われている</u>が、その存在はまだ一度も証明されたことがない。

　日本の英語の教科書や学習参考書の類にはほとんど見られないが実際は頻繁に使われるという副詞に arguably があります。次のように使われます。

例文 6

原文　　Globalization may be a sexy buzzword[10], but the reality is that the world economy is <u>arguably</u> becoming less global.

　arguably が文全体を修飾するときは、「ほぼ間違いなく、議論の余地はあるかもしれないが」「〜と言っても差し支えない」「〜と言っても問題ない」程度の意味になります。本章の冒頭で扱っている例文3の safely とほぼ同じ意味になります。safely は意味がすぐわかっても、arguably となると「議論がどうしたのだろうか」と思ったりして、日本人には理解しがたい副詞かもしれません。この副詞は、お察しの通り argue という動詞から派生しています。英語レベルで言わんとすることは、「私がこのような見解を示すと、反対意見などが出て議論になる可能性があるが、それでも私はこれを主張す

10　buzzword = 流行語

る」という内容です。日本語にこのように勝手のよい、便利な副詞は多分ないでしょう。例文 6 で使われている arguably は、文を修飾する副詞として考えると解釈が容易になり、訳も自然になります。すなわち、訳を文の後半に持っていき、「～は、まあ反対意見を出す人がいるかもしれないが、そう言ってもほぼ正当である」という意味で訳します。

訳例　　グローバル化ということばは確かに聞こえがいいが、現実においては、世界経済はグローバル化から遠ざかりつつあると言っても<u>差し支えなさそうだ</u>。

　もう 1 つだけ、arguably に意味が似ている conceivably という副詞が使われている例を下に挙げます。

例文 7
原文　　The late 19th and early 20th centuries was <u>conceivably</u> the period when political parties in the United States reached the height of their influence.
訳例　　19 世紀末から 20 世紀初頭にかけてが、アメリカにおける政党の影響力が最高レベルに達した時代であったことは、<u>もっともだと思える</u>（<u>～であったと言ってもよい</u>）。

2　文修飾する副詞のリストと使用例

　英文に頻出する文修飾の副詞を下に拾ってみました。それぞれの副詞について、動詞または形容詞を修飾している場合と、文を修飾している場合の 2 通りの例文を挙げてあります。

　この表はあくまでもガイドラインですが、翻訳する際の参考として使ってください。

表11：同じ副詞が動詞・形容詞を修飾する場合と文を修飾する場合

副詞	動詞・形容詞を修飾する例	文全体を修飾する例
admittedly	She was told to perform admittedly unusual routines.	He is admittedly on bad terms with their parents.
allegedly	The criminal presented an allegedly false ID to the arresting officer.	The physician allegedly administered the drug in question to his patient.
apparently	I showed my apparently broken bicycle to him.	Apparently, she does not care about me.
arguably	She was shocked by the arguably unnecessary question from the manager.	This book is arguably the best written in the genre.
certainly	The certainly official letter served as the key to a solution.	Certainly a war could result in the unnecessary loss of many lives.
conceivably	He wrote conceivably erroneous instructions.	Conceivably, he was anxious about losing a secure job.
evidently	The theory he advocates is evidently false.	The new hire evidently wants the company to pay for his relocation costs.
fortunately / unfortunately	They set out to find the fortunately safe treasures.	Fortunately, the county government approved our application.
increasingly	Kilauea is an increasingly active volcano.	Increasingly, doctors are seeing teenagers with signs of depression.
inevitably	The next-generation cell phone will house an inevitably compact chip.	Inevitably, one of the huge meteorites will hit the Earth in 10,000 years.
justly	She lives a comfortable life with justly acquired wealth.	Justly, he took the wallet he had found to the police.
naturally	Naturally aged cheese is the best.	The demonstrators naturally demanded fair wage.
presumably	This presumably innocent detainee is attracting many supporters.	Presumably, a team leader has the ultimate power to make a decision.
purportedly	The jewel purportedly stolen from the palace has never been found.	Purportedly, the king was not surprised to hear that the jewel had been stolen.

副詞	動詞・形容詞を修飾する例	文全体を修飾する例
reportedly	The reportedly missing girl has always been with her parents.	The CEO of this Canadian company is reportedly a big fan of sumo wrestling.
rightly	Originally, there were four rightly guided caliphs.	The country's attack on its neighbor rightly attracted criticism.
safely	Drive home safely, everyone; it's raining out.	Anyone can safely claim that he or she is entitled to basic necessities of life.
seemingly	The seemingly irrelevant clue turned out to be critical in solving the mystery.	The robber was seemingly a nice person.
supposedly	We met this supposedly liberal politician, who turned out to be otherwise.	This case remains in the cold case file, but has supposedly been solved.
surely	Contrary to the rumor, the project is surely underway.	Surely you jest.
surprisingly	The surprisingly lightweight laptops are very popular now.	Surprisingly, her boss approved her request for a 2-year leave of absence.
understandably	This book explains how to write understandably (= legibly) for children.	The boy was understandably shaken after his house was broken in.
undoubtedly	Do not sit in a chair with an undoubtedly broken leg.	My mother is undoubtedly the best pizza cook.
wisely	Always choose your options wisely.	I wisely kept the receipt for refund.

3 英文における副詞の位置

　英文中の副詞の位置によっては、修飾の対象が動詞・形容詞なのか、文全体なのかが変わってくることもあります。下の例文で確認してください。

例文8

原文A　Judy refused his offer wisely.

原文B　Judy wisely refused his offer.

　例文 6 の A では、wisely が修飾しているのは refused という動詞です。誘いを断ったのだが、その断り方（manner）が wise であった、という意味です。ところが、B の wisely は Judy refused his offer という文全体を修飾しています。つまり、「誘いを断ったということ」全体が wise であったのです。英文レベルでこの 2 つの文の深層構造（第Ⅱ部：第 1 章の「翻訳における表層構造と深層構造」の項を参照）を見据えて書き換えると、次のような、いわば「等価文」ができます。

等価文 A　Judy refused his offer in a wise way.
等価文 B　It was wise of Judy to refuse his offer.

　したがって、上の 2 つのいわば「中間原文」を訳すと、次のように意味の違いを表出させることができます。B では wisely の日本語訳が述部に来ていることに注目してください。

訳例 A　ジュディは彼の誘いを<u>うまく</u>断った。
訳例 B　ジュディが彼の誘いを断ったのは<u>賢明だった</u>。

 ## 4　原文を書き換えて訳す

　文を修飾する副詞は、上の wisely の例のように他の英語構文（It ... that 構文など）に書き換えて意味を明確にすることができます。次の文もその一例です。

例文 9
原文　　Evidently he was dissatisfied.
等価文　It was evident that he was dissatisfied.

　この書き換え後の文を訳すと次のようになります。

訳例　　彼が不満に思っているのは明らかだった。

　このように、同じ副詞でも、文全体を修飾する場合と形容詞や動詞だけを修飾する場合の両方があり得る副詞は、相当数で存在します。表層の文では意味がわかりにくかったら、深層構造（意味）を考えて原文を他の構文でいったん書き換える練習をすると、訳しやすくなることがあります。再度、次の例文で考えましょう。

例文 10

原文　　More Asians have <u>naturally</u> curly hair these days.

　natural の状態で巻いた形になっているという意味なので、この naturally は curly という形容詞を修飾する副詞として下のように訳すのが正当です。

訳例　　<u>自然に</u>巻き毛になっているアジア人が最近増えている。
　　　　＝天然パーマのアジア人が最近増えている。

　これに比べて次の文はどうでしょうか。

例文 11

原文　　In Alaska, where average winter temperatures often plummet below 10° Fahrenheit, the largest populations are <u>naturally</u> concentrated in the southern parts of the state.

　この文中の naturally が concentrated という形容詞を修飾していると見て「自然に集中している」と訳しても意味がわかりません。この naturally は明らかに文全体を修飾しています。したがって下のような訳が適切です。

訳例　　アラスカ州では、冬の平均気温が華氏 10° を下回ることが多い。大都市[11] が同州の南部に集中しているのも<u>当然である</u>。

11　the largest populations が「大都市」と訳されていることに関しては、第Ⅳ部：第 1 章「8 one of the most ...、among the most ...」を参照してください。

　本章の冒頭で言及したように、英語では同じ副詞でも、場合によって動詞、形容詞、および文全体という3種類の文法カテゴリを修飾することができます。副詞の文中の位置によって修飾関係が異なる場合は、通常、意味も違ってくるので注意が必要です。

5 頻度の副詞

　頻度を表す副詞も、数量形容詞の場合（第Ⅲ部：第3章「数量形容詞」を参照）と同様に、述部に置いて訳すと自然な表現になることが多いと言えます。

例文 12

原文　　I often check my car doors after using a parking lot to see if anyone's car has banged them.

試訳　　駐車場を使用した後は、しばしば、自分の車のドアが他の車にぶつけられたかどうかを調べる。

　この often という頻度の副詞を述部に持っていくと、次の訳ができます。

修正訳　駐車場を使用した後、自分の車のドアが他の車にぶつけられたかどうかを調べることがよくある。

　上の試訳は決して間違いではありませんが、翻訳の質という観点から見ると、自然な日本語として修正訳の方が望ましいと言えます。頻度の副詞によって効果や程度はまちまちかもしれませんが、この種の副詞を述部に持っていって訳すことを考慮する価値はあります。

　頻度を表す副詞を、頻度の高い順に下の表に並べてみました。下に行けば行くほど頻度が低いということになります。同じボックスに属している副詞は、通常、ほぼ似た頻度を表し、日本語では同じ訳語を使うことがよくあります。たとえば、occasionally と sometimes については、細かいニュアンスに違いがあると言う方もいると思いますが、そのニュアンスの違いが問題になる文脈でない限り、同じ訳語を使えます。ここでまた但し書き（a caveat）

を付けますが、この表はあくまでも相対的に比較したものであって、必ずし
もこの順でなくてもよいことをご承知ください。

表 12：頻度の副詞

頻　度	副　詞
	・always
	・almost always
	・usually; habitually; regularly
	・frequently; often
	・occasionally; sometimes
	・infrequently
	・hardly ever; rarely; scarcely; seldom
	・almost never
	・never

第5章
助動詞

Chapter 5
The Auxiliary Verb

　日本の学校英語で助動詞（auxiliary verb）というと、can は可能「〜でき
る」または許可「〜してもよい」、may は推量「〜かもしれない」または許
可、must は義務「〜しなくてはならない」または強い推量「〜にちがいな
い」というように、一応定義付けられています。もちろんこれは正しい定義
ですが、実用英語の助動詞の用法はこれより幅広く、たとえば may をいつ
も「かもしれない」と訳していたのでは間に合わなくなります。本章では、
助動詞が持つ意味の種類とその訳し方を紹介します。

1　未来のイベントが起きる確実性

　英語では、未来のイベントが起きる確実性を表す表現として助動詞が頻繁
に使われます。こういった表現を和訳する際の指針の1つとして「確実性
チャート」を紹介します。これは主な助動詞を「未来のイベントが起きる確
実性」の意味で使う場合、その次に来る本動詞の表す動作・状態がどのくら
いの確実性で起きるかをおおざっぱに、また相対的に示したものです。

表 13：確実性を表す助動詞

助動詞	例文	確実性を相対的に表した和訳例
will	An earthquake will happen tomorrow.	明日絶対に地震が起きる。（起きると信じて疑わない。）
must	An earthquake must happen tomorrow.	明日きっと地震が起きる。（相当なことがない限り起きる。起きるのが当然だ。）
should	An earthquake should happen tomorrow.	明日地震が起きるはずだ。（起きることになっている。起きる予定である。）
may/can	An earthquake may/can happen tomorrow.	明日地震が起きる可能性あり。（起きるかもしれない。起きないかもしれない。）
might/could	An earthquake might/could happen tomorrow.	明日ひょっとして地震が起きるかもしれない。（起きる可能性はあるが実際起きるかどうかは不確実。）

　上のチャートでは、下から上に行くに従って「地震が起きる」確実性が高くなっていきます。右の列にある日本語訳はあくまでも各助動詞の間の相対的な意味の相違を表したものですから、実際の文脈で助動詞が個別に使われているときは、違う助動詞でも同じ訳を使う場合が考えられます。たとえばHe may win. と He might win. は、may と might を特別に比較していない別々の文脈で「勝つかもしれない」と同じように訳すことが可能です。

　また、上のチャートに示した訳文だけが訳として正しいわけではありません。will の例を取ると、たとえばお母さんが子供に "You will go to school." などと言いつけている場合の will は「何が何でもお前は学校に行かないと許さないよ」という意味です。日本のお母さんだったらさしずめ「絶対学校に行きなさい」という命令調で言うかもしれません。

　また、may の訳をいつも「〜かもしれない」とする代わりに、文脈に合わせて（意味を変えずに）表現を最適化するのが翻訳者の役割です。「〜する場合がある」「〜することがある」「〜する恐れがある」などは may の訳として頻繁に用いられています。下の例文を参考にしてください。

例文 1

原文　Understanding purposes of sleep may ultimately help the millions of people who suffer from sleep disorders.

試訳　睡眠の目的が解明されれば、最終的には何百万といった数の睡眠障害患者が救われる<u>のかもしれない</u>。

修正訳　睡眠の目的が解明されれば、いつかは何百万といった数の睡眠障害患者が救われるのではないか<u>と考えられる</u>（<u>と思われる</u>）。

　上の試訳はもちろん誤訳ではありませんが、この 2 つの訳を比べてどちらがいいかという話になったのなら、私は修正訳を取ります。

1.1　複合助動詞

　will、might など単一語の助動詞を純助動詞（true modal auxiliary）と呼ぶことにすると、純助動詞に対して、複数の単語から成る複合助動詞（phrasal auxiliary verb、または compound auxiliary verb）と言われる助動詞のカテゴリがあります。複合助動詞は、意味的に純助動詞とおおむね下表のように対応しています。

表 14：複合助動詞

純助動詞	複合助動詞
will	be going to（近未来）; be about to（至近未来）
must	have to; ought to; be required to
should	be supposed to; be to

　上の表にある複合助動詞も、純助動詞と同様に扱うことができます。

1.2　純助動詞 vs. 副詞を使った表現

　また、純助動詞は副詞を使った表現に置き換えることもできます。たとえば、殺人事件の犯人を推察している刑事の会話という想定で次の表を見てください。この表は、左欄と右欄の表現が一対一で適合しているわけではなく、下から上に行くに従って相対的に確実性が上がることを示しています。

表 15：副詞を使った複合助動詞表現

純助動詞	副詞を用いた表現
He must be the murderer.	He is certainly/definitely the murderer. He is probably the murderer.
He should be the murderer.	He is most likely the murderer.
He may/can be the murderer.	He is possibly the murderer.
He could/might be the murderer.	He is perhaps/maybe the murderer.

2　確実性の will の訳語

　ここで will について一言。先ほどの例を使いますが、An earthquake will happen tomorrow. を「明日地震が起こるでしょう」とするのは誤りです。確実性を表す will は確実性チャートの一番上にあり、話し手または筆者は、そのイベントが必ず起きると確信していることを示しています。そのイベントが起きる（または起きない）のはもちろん未来ですが、「〜でしょう」という日本語は、物事が未来に起きる（または起きない）ことを表すのではなく、未来に起きる（または起きない）ことに関する現在の推量を表しています。次の英文に対する日本語訳を比べるとよくわかります。

例文 2

原文　　My sister will leave for Tokyo next month.

試訳 A　妹は来月東京に発ちます。

試訳 B　妹は来月東京に発つでしょう。

　上の英語を発話した人は、緊急事態などが起きない限り、妹は来月東京に行くと確信しています。航空券をすでに買ってあるとか、どうしても行かなければならない用事があるとかの文脈情報があると、この意味は一段とはっきりしてきます。この意味に対する正しい日本語はAとBのどちらでしょうか。Aでは「発ちます」と言い切っていますから、確信の意味があるといえます。Bでは発つかどうか、確信はしていないように聞こえます。どうしてかと言うと、「〜でしょう（だろう）」は現在における（未来に関しての）推量の意味を持つ日本語表現であり、未来を表してはいないからです。すなわち、試訳Aが正しい訳ということになります。

　日本の中学校では、未来のwillは「〜でしょう（だろう）」と訳しなさい、と昔から教えてきました。たとえ現在はそのように教えてはいないとしても、少なくとも、この訳し方は学校英語の伝統の1つでした。実は、これは生徒に現在と未来の意味を区別させるための指導上のトリックだったのです。日本語には動詞の未来形というものがありません。ですから、学校の英語の試験で生徒が英語の現在形と未来形の違いをわかっているかどうかを調べるため、未来形のときは「〜でしょう（だろう）」と訳すように生徒に教えたということにほかならないのです。不幸なことに、日本人の頭の奥にはこの古い習慣が残っているとしか、私は考えられません。英文法の参考書でも確実性のwillの訳として「〜でしょう（だろう）」を使っているものがあるので注意してください。そのうちいくつかを下に拾ってみました。試訳の欄にあるのが私の見つけた訳文、および修正訳の欄にあるのが私の訳です。なお、willと「〜でしょう（だろう）」以外のことばは実際のものから変えてあります。

例文3

原文　　I will be able to play tennis in a few years.

試訳　　2、3年すればテニスをプレイできるでしょう。

修正訳　2、3年すればテニスをプレイできます。

例文4

原文　My aunt will be glad to hear that her niece is doing well.

試訳　姪が元気だということを伯母が聞いたら、本人は喜ぶだろう。

修正訳　姪が元気だということを伯母が聞いたら、本人はきっと<u>喜ぶよ</u>。

例文5

原文　The cosigner will have to sign the contract we prepared today.

試訳　連帯保証人は、我々が今日作成した契約に署名せざるを得ない<u>だろう</u>。

修正訳　連帯保証人は、我々が今日作成した契約に署名せざるを得なく<u>なる</u>。

例文6

原文　Construction <u>will</u> soon start in the vacant lot next to the house.

試訳　家の横にある空き地でまもなく工事が始まる<u>だろう</u>。

修正訳　家の横にある空き地でまもなく工事が始まる<u>ことになっている</u>。

3 天気予報で使われる確実性の表現

　あるイベントが未来に起きる確実性が非常に高い場合に will が使われ、日本語の「〜でしょう（〜だろう）」という表現とは対応しないという事実は、マスコミで流れる日英それぞれの天気予報を注意して読んだり聴いたりしているとよくわかります。最初に、英語圏のテレビ、ラジオ、新聞などで発表される公式の天気予報の文章構成を、次の例で見てみます。

例文7［従来の天気予報番組のアナウンス］

原文　There <u>will be a chance of</u> spot showers in the afternoon. Even milder weather <u>is expected</u> on Tuesday when highs <u>could</u> reach the upper 60s to near 70 degrees.

訳例　　午後は所々で雨の可能性があります。火曜日はさらに穏やかな気候
　　　　になる見込みです。最高気温は 70°F 近くまで上がることもあるで
　　　　しょう。

　上の予報では will が単独で使われていません。予想表現が 3 つあります
が、それぞれ will より低い確実性の表現です。これは天気予報という性質
上、予報が外れたときのことを考慮して、公の場所で 100% 確実に起きます
よとは言えないからです。
　天気予報で明日は雨が降ることが予想されているという場合、英語圏では
It will rain tomorrow. とは言わず、次のような表現がよく用いられます。

　・There will be chances of precipitation.
　・Rain may be possible.
　・There is a chance of rain.
　・A little rain will be possible.
　・It looks like it will be rainy.
　・It looks like rain.
　・It is likely to rain.
　・It is supposed to rain.
　・It may rain.
　・It is expected to rain.
　・It could rain.

　上のいずれの予報の表現も、例文 7 と同じく確実性は will より低くなっ
ています。will という単語が使われている場合でも、それに付随表現を追加
することにより、確実性を低くしています。そこまで確実に予想しきれない
からです。
　ただし、最近は人工衛星やレーダーを使った天気予報技術が発達して、予
想が当たる確率が上がってきています。それに伴って、次のような発表をす
るメディアもあります。

例文 8［最新技術に基づいた天気予報番組のアナウンス］

原文　The European and GFS models[12] are in good agreement indicating <u>the potential</u> for a decent late season storm moving into the upper-peninsula region next Sunday.

訳例　欧州モデルと GFS モデルの両方によりますと、今週の日曜日は、ごく平均的な時季遅れの嵐が半島北部地方に発生する可能性があると予測されています。

　また、予報技術が進展した結果、We <u>should</u> see an increase in winds. とか High pressure <u>will</u> continue through Monday. のように自信度を上げて発表する放送局もちらほら出始めました。しかし、天気予報は依然としてあくまでも予想であるため、基本的には確実性が低めの表現が使われています。

　次に日本の天気予報の話に移ります。日本では予測の科学性を降水確率などで表示していますが、日本の場合は現在でもやや保守的な言い回しをしています。次の例が典型的です。

例文 9

原文　沖縄は梅雨空<u>でしょう</u>。九州から東海は晴れる<u>見込み</u>です。気圧の谷の影響で静岡から関東は雲が広がりやすく、夕方から所々でにわか雨が<u>あるでしょう</u>。東北はだいたい晴れる<u>見込み</u>です。北海道は雲が広がりやすいですが、時々日の差す所も<u>あるでしょう</u>。九州から東海では汗ばむくらいになる一方で、北海道は空気が冷たく、最高気温が 10 度に届かない所も<u>あるでしょう</u>。

　英語圏、日本のどちらにおいても、will とか「～になります」（言い切り）という表現は、（発話者の頭の中では）確率が 100% と言い切れる場合のみに使われるということを、以上の例でわかっていただけたでしょうか。

12　欧州モデル：The European Center for Medium-Range Weather Forecasts（ECMWF）による天気予報。GFS モデル：The Global Forecast System（GFS）を使った天気予報。

4 「〜でしょう」はいつ使うのか

「〜でしょう（だろう）」という表現は will の訳語として使ってはいけないのなら、一体どのような英語の訳として使えばいいのでしょうか。そんな質問が出てきそうです。「〜でしょう」が推量の意味であれば、それに対応する英語は will probably ... 、perhaps などを使うことになります。基本的には、前項「天気予報で使われる確実性の表現」で紹介した will 以外の表現を使います。以下に例文とその訳例を 3 つ列挙します。

例文 10

原文　　He will probably finish writing his thesis by the end of next week.

訳例　　来週末までには多分、論文を書き終えるでしょう。

例文 11

原文　　My wife will perhaps miss me when I am gone.

訳例　　私の外出中は、妻は、どちらかと言えば私がいなくて寂しいと思うだろう。

例文 12

原文　　The winning (baseball) team will likely return home tomorrow.

訳例　　勝利チームはおそらく明日、地元に帰るでしょう。

5 may と can の純粋過去形としての might と could

今度は助動詞 may と can の過去形 might、could に焦点を当てます。この過去形の確実性に関する意味はすでにお話ししました。たとえば might、could は may、can より一般的に確実性が低いということです。しかし、この 2 つの助動詞には、確実性以外にもっと基本的な使い方があり、私はそれを「純粋な過去」と呼んでいます。might、could が「純粋な過去」の意味で使われている場合は、あるイベントが単に過去に起きたことを表しています。複文（主語＋述語のペアが 2 つ以上連結してできた文）においては、主

文の動詞が過去であれば、その従属節にある助動詞も主文の時制に一致させて過去形になるという、いわゆる「時制の一致」の用法です。

例文 13

原文 A I think I can lift the desk by myself.

訳例 A 自分で机を持ち上げられると思う。

原文 B I thought I could lift the desk by myself.

訳例 B 自分で机を持ち上げられると思った。

原文 B の could は、それ自体に特異な意味があるわけではなく、単に主節の動詞の時制と一致して過去形になっている例です(ちなみに、日本語では時制の一致の規則がないため、第Ⅳ部：第3章「時制」で述べるように、助動詞の部分は両文とも「〜られなかった」という過去形ではなく、「られる」という非過去形になっています)。言い換えれば、この文の could は確実性の意味の could ではなく、「〜することができる」という可能・能力を示す can の単なる過去形です。その証拠として、この文の could は was able to という可能・能力表現に置き換えることができます。確実性を示す can/could（An earthquake can/could happen tomorrow. など）は be able to で置き換えることができません。

6 may (might) want to ... の意味

前掲の確実性チャートでわかるように、確実性を表す may はこのチャートのほぼ中間に位置しており、「〜かもしれない」、つまりそのイベントが起きる可能性は通常、50% または五分五分という程度の意味になります。次の例で確認してください。

例文 14

原文 A I may drive to work, or I may take the bus to work.

原文 B I may or I may not drive to work. Sometimes I take the bus.

原文 C　Sometimes I drive to work; other times I take the bus.

　　上記の 3 つの例文は、どれもほぼ同じ意味を持っています。仕事に行く手段として、自分で車を運転するか、バスに乗るかの確率は、ほぼ同等という意味です。

　　ところが may という助動詞は、キャラクターのある助動詞です。次項の譲歩の意味もそうですが、構文環境によって意味合いが違ってくるので、翻訳者としては注意すべき単語です。本項では、その例として may (might) want to ... という構文環境における may の意味を考察します。次の例を読んでください。

例文 15
原文　　You may want to jot down the email address of your boss.
試訳　　君は上司のメールアドレスを書き留めておきたいかもしれない。

　　これでは訳として不自然なのは一目瞭然です。この原文は、相手がメールアドレスを書き留めておいた方がよいと思って（判断して）アドバイスしているのですから、意味的には（深層構造を見ると）下の修正訳のようになります。

修正訳　君は上司のメールアドレスを書き留めておいた方がいいと思う。

7 譲歩の may

　　may には前掲の確実性の意味と時制の一致ルールによる使用法の他に、「譲歩の may」と呼ばれる意味があります。ここで本書第Ⅲ部：第 4 章「副詞」で扱った例文 6 を新しい番号に変えて、再度紹介します。

例文 16
原文　　Globalization may be a sexy buzzword, but the reality is that the world economy is arguably becoming less global.

訳例　　グローバル化ということばは確かに聞こえがいい<u>が</u>、現実において
　　　　は、世界経済はグローバル化から遠ざかりつつあると言っても差し
　　　　支えなさそうだ。

　ここの may は「グローバル化ということばは聞こえがいい（a sexy buzz-
word）かもしれない」という確実性 50 % 程度を表す may ではありません。
反対に、著者はグローバル化が sexy buzzword であることを疑っているので
はなく、100 % 認めています。その後に but がきて「～というのが確かに本
当であることは認めるが、私はこう思う」というように、物事がそうである
といったん認めた後で、つまり譲歩した後で、自分の（反対）意見を述べて
います。このような may を俗に「譲歩の may」と呼んでいます。
　よって、「～かもしれない」と訳してしまうと確実性の may と紛らわしく
なるため、「確かに～であるが」などと訳して、譲歩としてわかりやすく訳
す必要があります。次に、もう 1 つ例文を挙げておきます。

例文 17［裁判官が判決内容を言い渡すにあたって述べた内容の一部］
原文　　The defense <u>may</u> argue that the defendant is a loyal American, but the
　　　　evidence before the court belies that assumption.
試訳　　弁護側は被告がアメリカに忠実な人間であることを主張<u>するかもし
　　　　れない</u>が、法廷に提示された証拠はその主張に矛盾する。
修正訳　弁護側は被告がアメリカに忠実な人間であることを主張<u>している
　　　　</u>が、法廷に提示された証拠はその主張に矛盾する。

8　助動詞の確実性以外の意味

　英語の助動詞は、言うまでもなく、確実性以外にそれぞれの助動詞特有の
意味でも使われます。この場合、時制の一致のケースでない限り、should
とか could などの過去形が使われていても、意味は現在であることがほとん
どですから注意してください。
　また、特定種の文書に使われるものもあります。たとえば、契約書類では
「契約の shall」とも言われる、義務・強制履行を示す shall が続出しますし、

取扱説明書類では要請・勧告・推奨を示す should がよく出ます。この場合、shall も should も現在の意味です。それぞれの意味をしっかり把握しておくことが重要です。

　下の表には、助動詞の確実性以外の意味のうち主なものをリストしてあります。

　助動詞に関しては、学校で習った訳語に固執して柔軟性を失ってしまうと、プロ級の翻訳は望めません。まず文脈を考慮してそれぞれの意味を見極め、それをよく表す日本語表現を探すのが翻訳者の仕事です。実務の際は、下の表に載っている表現以外にも、文脈に応じて各自で適切な表現を考えてください。

　なお、助動詞が仮定法に使われる場合の翻訳については、第Ⅳ部：第4章「仮定法」を参照してください。

表 16：助動詞の確実性以外の意味

助動詞	意　味	訳　例	頻出 分野例
must	強い義務	・〜しなくてはならない ・〜する義務がある	契約書 法律文書
	強い要請・勧告	・必ず〜してください	取説書
	確信	・〜にちがいない	
will	性質・習性	・〜するものである	
would	過去の習慣	・よく〜したものだ ・〜するのが常だった ・いつも〜していた	
	婉曲的な依頼 （質問文）	・〜してもよろしいでしょうか ・〜していただけないでしょうか	
shall	義務・強制履行	・〜するものとする ・〜すること	契約書 法律文書
	自由意志（I を主語 とする質問文）	・（私が）〜しましょうか	
should	弱い義務	・〜すべきである	
	丁寧な要請・勧告	・〜してください ・〜をお勧めします	取説書
	万一の should	・（万一）〜した場合は	
may	許可	・〜してもよい	
	権利	・〜することができる ・〜する権利を有す	契約書 法律文書
	譲歩（, ... but）	・〜は確かにそうだが	
	祈禱	・〜ますように	宗教関係
might	婉曲的な依頼 （質問文）	・〜してもよろしいでしょうか ・〜していただけないでしょうか	使用頻度は低い
can	可能・能力	・〜することができる	
	許可	・〜してもよい	
	依頼（質問文）	・〜していいですか ・〜してくれますか	
could	婉曲的な依頼 （質問文）	・〜してもよろしいでしょうか ・〜していただけないでしょうか	

第**6**章
前置詞

Chapter 6
The Preposition

1　動詞を使って訳す

　前置詞は短いものが多く、その上日本語にない品詞なので、とかく軽視しがちです。ところが前置詞には重要な意味が含まれていることがあります。まず次の例文を考えてください。

例文 1［推理小説］

原文　　A young man's scream pierced the walls to reach our ears. Andrea
　　　　leapt to her feet and out the door, with me in close pursuit.

訳例　　若い男の叫び声が壁を突き抜けて伝わってきた。アンドレアはパッ
　　　　と立ち上がり、部屋を出ていった。私もそのすぐ後を追っていった。

　原文の Andrea leapt to her feet and out the door という文には省略されている要素（ellipsis）があるため、それを補足すると次のようになります。

原文補足　　Andrea leapt to her feet, and she went (or "ran") out the door, ...

　つまり "she went" または "she ran" が省略されていると見ていいでしょう。この場合、日本語では動詞を省略することはできませんから、動詞が 1 つ（"leapt"）しか表出していない原文に対し、日本語では「立ち上がり」と「出ていった」の 2 つの動詞を付ける必要があります。また、原文の後部の with me in close pursuit はいわゆる付帯状況と呼ばれるもので、直訳すると「私がすぐ後を追うという状況のもとで（アンドレアは部屋を出ていった）」となります。付帯状況は日本語の場合、新しい文にした方がすっきりします。上の訳例の場合は、「追った」という動詞を使って新しい文を作っています。

　以下のセクションでは、注意すべき前置詞 for、with、および into が使われている原文に対する試訳、および前置詞を日本語の動詞を使って処理した修正訳を示します。

1.1　前置詞 for

　前置詞 for が含まれた各原文に対する 2 つの和訳を読み比べると、試訳がいかにぎこちないかに気づくと思います。これは、いずれの試訳も「〜のために」という訳語を機械的にあてがったために起きた結果です。

例文 2 ［作業効率向上ソフトの機能説明］

原文　　Easy Schedule is an automated "to do" list. From the Easy Schedule you can directly access the panels where you need to perform the action, and then return to the Schedule for another item.

試訳　　Easy Schedule は予定表を自動化するアプリです。このアプリから仕事を遂行するパネルに直接アクセスできます。仕事が済んだら、別の仕事のために Easy Schedule に戻ることができます。

修正訳　Easy Schedule は予定表の自動化アプリです。このアプリから仕事を遂行するパネルに直接アクセスできます。仕事が済んだら Easy Schedule に戻り、別の仕事が表示されます。

例文3［ソフトウェアの機能説明］

原文　The system will extract the information <u>for</u> the postal code you entered.

試訳　入力した郵便番号<u>のための</u>情報が自動抽出されます。

修正訳　入力した郵便番号<u>に対応する</u>情報が自動抽出されます。

例文4［ソフトウェアの機能説明］

原文　This application references the Tax Location Table <u>for</u> location information.

試訳　このアプリケーションでは、所在地情報<u>のために</u>［納税地］テーブルが参照されます。

修正訳　このアプリケーションでは、［納税地］テーブルにある情報が所在地情報として<u>使われます</u>。

例文5［ハードウェア取扱説明書］

原文　We recommend that you review your manual <u>for</u> a full discussion of how to use this product before you attempt to use it.

試訳　本製品をご使用になる前に、使い方の詳細説明<u>のために</u>マニュアルを参照することをお勧めします。

修正訳　本製品をご使用になる前に、マニュアルを参照して本製品の使い方の詳細説明を<u>読む</u>ことをお勧めします。

1.2　範囲限定の前置詞 for

　同じ for という前置詞でも「範囲限定の for」とも言うべきものがあります。この種の for は、沢山ある中からある特定のものを選定する場合に使われます。以下の例文で訳し方を考えてみましょう。

例文6

原文　The international marketplace is fragmenting into local markets <u>for</u> services, from medical care to fast food, that can only be delivered in person.

試訳　　医療関係からファーストフードに至るまで、人が直接関与しなくて
　　　　はならないサービスのために、世界市場は今やローカル市場に分割
　　　　されつつある。

　下線部の for のあたりを、上の試訳のように「～のようなサービスのため
に」と訳してしまうと、意味がはっきりしません。理由は、この for は目的
または原因の for ではないからです。これは「(サービス業にもいろいろあ
るが) that 以下のような services においては (を見ると、に限ってみると)」
という、意味範囲を限定する for です。したがって、下のように修正すると
意味が通じます。

修正訳　医療関係からファーストフードに至るまで、人が直接関与しなくて
　　　　はならないサービス業に関しては、世界市場は今やローカル市場に
　　　　分割されつつある。

　次の例文 7 の場合も、やはり「～に関して」という限定表現を使った方が
意味がはっきりします。

例文 7
原文　　Employees rely on other employees, especially experienced ones, for
　　　　general issues. For industry-specific knowledge, they go to outside
　　　　consultants.
試訳　　社員は、総合的な課題のために社内の他の社員達、特に経験豊かな
　　　　社員達に協力を依頼する。特定の産業に関する知識のためには、外
　　　　部コンサルタントに依頼する。
修正訳　社員は、総合的な課題に関しては社内の他の社員達、特に経験豊か
　　　　な社員達に協力を依頼する。特定の産業に関する知識については、
　　　　外部コンサルタントに依頼する。

1.3　前置詞 with

　with は通常、方法や道具、または付帯状況の表現に使いますが、時には適切な動詞を使って日本語に訳すことを考える必要があります。

例文 8［ビジネス戦略のプレゼン］

原文　　With a three-fold strategy, you could (can) create a robust sales plan.

試訳　　3 段階方式の戦法で、強力な営業プランを作成できます。

修正訳　3 段階方式の戦法があれば（〜を使えば）、強力な営業プランを作成できます。

　なお、例文 8 の could は仮定法（第Ⅳ部：第 4 章「仮定法」を参照）になっています。3 段階方式の戦法は現在のところないが、もしあればこうであるという仮定です。この観点からも、「戦法で」より「戦法があれば」の方が適訳であると言えます。

例文 9

原文　　The CEO would occasionally call his consultant on a Friday afternoon with a problem that was on her mind, so the consultant could ponder the problem over the weekend.

試訳　　CEO は金曜日の午後になると、気にかかっている問題を持って顧問に電話した。これは顧問が週末を使ってその問題について考えることができるようにするためだった。

修正訳　CEO は金曜日の午後になると、気にかかっている問題について顧問に電話で相談することもあった。顧問が週末にその問題について考えることができるようにするのが目的だった。

　上の原文で「問題を持って顧問に電話する」ということは、とりもなおさず「顧問に相談する」ということに他なりません。

例文10 ［ソフトウェア］

原文　Click the popup window to open a new window <u>with</u> additional[13]
　　　information.

試訳　ポップアップウィンドウをクリックして、その他の情報が<u>ある</u>新規
　　　ウィンドウを開きます。

修正訳　ポップアップウィンドウをクリックして新規ウィンドウを開くと、
　　　その他の情報が<u>表示されます</u>。

　上の例文10も例文9と同様で、「その他の情報がある新規ウィンドウ」を
「その他の情報が掲載されているウィンドウ」としてもいいところですが、
ここでは「ポップアップウィンドウをクリックする」→「新規ウィンドウが
開く」→「その他の情報が（そのウィンドウに）表示される」という、実際
のイベントが発生した順に訳すことにより、意味を理解しやすくしていま
す。なお、イベントが発生した順に訳すという方法については、第II部：
第4章の「イベントが発生した順に訳す」の項を参照してください。

1.4　前置詞 into

　into は人や物が何らかの「容器」に入っていく方向性と動作を示す、いわ
ば動きを持った前置詞です。普通に「〜に（入る、入れる）」と訳して差し
支えない場合もありますが、時として動詞を補足しないと訳すにも訳せない
場合が出てきます。次の例文を見てください。

例文11

原文　In September, the Wisconsin Governor signed the legislature's Act 135
　　　<u>into</u> law.

試訳　議案135号は、9月にウィスコンシン州知事が法<u>に</u>署名した。

修正訳　議案135号は9月にウィスコンシン州知事が<u>署名し、法として成立</u>
　　　した。

13　Additional という単語の訳については付録2「産業翻訳に頻出する要注意単語」の「頻出用
語：産業翻訳一般」の項を参照してください。

　以上の例からわかるように、英語の前置詞には日本語の動詞の意味が含まれているとみて、日本語の動詞を使って訳すのも1つの手段です。特に、方向性、または動きを示す前置詞、たとえば to、into、onto、from、out of、through などの場合はそうです。

　前置詞は、英文解釈の重要性がよくわかる文法項目です。単純に見える前置詞でも、真剣に取り組む必要があります。

The Way I See It (3) 日本人の知らない英語

　英語圏では普通に使われていても、日本では習わないという英語の使い方は沢山ありますが、そのうち数例を紹介します。

1. この部屋には机が1つ、椅子が1つある。

　これを英語で言うと、実は There are a desk and a chair in this room. ではないのです。部屋の中にあるのは机と椅子という2つのもの、それが主語になるのですから複数の動詞形を使うと思いたいところですが、ネイティブは必ずこう言います。

　There is a desk and a chair in this room.

　ネイティブの頭の中では、最初に来る主語は a desk という単数なので、それに合致させて there is を使います。その後、あ、そうだ、もう1つ、椅子があったということで and a chair と付け足します。

2. 僕って怠け者だよね。

　この日本語に対応する英語は I'm lazy, amn't I? ではありません。通常、付加疑問文では確かに aren't you? とか isn't he? などと短縮形を使いますが、第一人称の I の場合、amn't I? という短縮形はなぜか存在しないのです。実際はこう言います。

　I'm lazy, am I not?（主にイギリス英語で使います）

　I'm lazy, aren't I?（アメリカで普通に使われます）

3. time と the time のお話

　また冠詞のお話で恐縮ですが、アメリカの友人から突如 Do you have time? と訊かれたら何と答えますか。また Do you have the time? と訊かれたらどのように答えますか。the のない前者の質問は「何かをする時間の余裕があるか」と訊いています。私だったら Time to do what? と訊き返します。the のある後者の質問は、単にその時の時刻を訊いています。It's about 4 p.m. などと答えます。この2つを反対に解釈してチンプンカンプンな答えを言わないでくださいね。

第7章
時の接続詞

Chapter 7
The Temporal Conjunction

　時を表す接続詞には as、when、before、after、till、until、while などがあり、いずれも発生した 2 つのイベントの時間的な相互関係を表すものです。この種の接続詞は一見簡単に思えますが、実際の文章の中で訳そうとすると意外に苦労することがあります。本章では、翻訳する際にどのような問題があるのかを検討します。

1　千変万化する as

　これほどいろいろな意味を持つ単語もないと私が思うのが as です。まず、as の意味範囲の広さを確かめてみます。

例文 1

原文　As expected, the president designated his favorite aide as chairman of the committee.

訳例　予想通り、大統領はひいきにしている側近をその委員会の会長に任命した。

　例文 1 の最初の as は様態「〜の通り」、次の as は「〜として」という意味の前置詞です。いずれも時とは関係ありません。

　本章では、一番問題になる「時」の意味に注目します。時を表す as の訳語には、「〜をするとき」「〜するのと同時に」「〜しながら」などがあてがわれます。as の前と後に述べられている 2 つのイベントが同時に、並行して起こっているというのが基本的な意味です。例文 2 がその典型です。

例文 2

原文　　I have carried these lessons around with me <u>as</u> I have made steady progress in the world.

訳例　　私はこうした教訓を今まで胸に抱き<u>ながら</u>、世の中でこつこつと進歩を重ねてきた。

　ところが、訳し方は文脈によってだいぶ違ってくるため、1 つの決まった訳語に執着していると問題に突き当たります。時を表す as の様々な訳例を下に挙げます。皆さんも自分なりの訳を考えてください。

例文 3

原文　　A sign of "mid-youth" (a term coined to refer to baby boomers) is the mass ditching of minivans in favor of expensive, flashy sports cars, <u>as</u> parents send their children off to adulthood and finally have some spare income to spend on themselves.

　as の意味を表出させようとすると、次の訳ができます。

試訳　　「ミッドユース」（若中年層を指す造語）に見られる現象は、親達が子育てを終えて、ようやく自分のために使えるお金ができた<u>とき</u>、皆揃ってミニバンを捨てて高価な豪華スポーツカーを買い込むことである。

　上の訳は誤訳とは言えませんが、直訳的な硬さが残っています。この場合は、順行訳（第Ⅱ部：第4章「順行訳」を参照）を使い、さらにこの as は特に訳出しないのが賢明です。

修正訳　皆揃ってミニバンを捨てて高価な豪華スポーツカーを買い込むというのは、「ミッドユース」（若中年層、ベビーブーマー層を指す造語）に見られる現象である。子供達が成人して、ようやく自分のために使えるお金ができたという親達である。

　次の例文4には as が2回出てきます。

例文4
原文　Clouds of dark smoke billowed over the city of Monrovia as 2,500 Liberian refugees stood on the deck of a freighter, sadly waving farewell as the ship inched away from the burning capital.
訳例　黒い煙がモンロビア市の上空を雲のように流れる中、リベリアの難民達 2,500 人は貨物船のデッキにたたずみ、炎上しながら徐々に遠ざかる首都モンロビアに悲しげに別れの手を振っていた。

　どちらの as も時を表す as ですが、最初の as には「～する中」という普通の訳が使ってあります。ただし、順行訳が使ってあることに注目してください。2つ目の as の周辺は、いわば順行と逆行を組み合わせたような訳になっています。原文の意味が変わっていないこと、および日本語が自然であることを確認してください。

2　not ... until の訳

　not ... until は文字通りに「～するまでは…しなかった」と逆行的に訳すより「～して初めて…した」とか「やがて…した」などと順行的に訳した方が感覚的に合うことが多いと言えます。次の例文で確認してください。

例文 5

原文　You have <u>not</u> seen fog <u>until</u> you have watched it galvanize at Mt. Vernon's feet.

試訳　バーノン山の麓付近で霧がもうもうと息巻いている姿を<u>見るまで</u>、霧を見たとは言えない。

修正訳　バーノン山の麓付近でもうもうと息巻いている霧を<u>見て初めて</u>そのすさまじさがわかる。

　上の試訳では逆行を、修正訳では順行をそれぞれ使っています。この程度の短い文でも、私は順行訳を使った修正訳の方が滑らかな日本語であると思いますが、原文がこの程度の長さの場合は、中には「逆行でも悪くないじゃないか」と思う方がいるでしょう。しかし、問題が起こるのは文が長くなったときです。たとえば次の例文です。

例文 6

原文　<u>No</u> one knew for sure if Cro-Magnons and Neanderthals lived side by side 34,000 years ago <u>until</u> an anatomist found a key to the answer to this question when he discovered that the bones of the inner-ear of Neanderthals had a shape unique to them.

　まずこれを逆行で訳してみます。

試訳 A　ある解剖学者が、ネアンデルタール人の内耳の骨が固有の形をしていることを発見し、この疑問に対する答えの手掛かりを見つける<u>まで</u>、クロマニヨン人とネアンデルタール人が 34,000 年前に隣り合わせで生活していたのかどうかは誰も<u>確かでなかった</u>。

　試訳 A では「この疑問」がどのような疑問なのかが文の後部にならないと説明されないため、大変ぎこちない訳になっています。「この疑問」と言うからには、その前にどの疑問であるのかに言及するのが話の筋道ですよね。これを修正したのが次の試訳 B です。

167

試訳 B　ある解剖学者が、ネアンデルタール人の内耳の骨が固有の形をして
　　　　いることを発見し、クロマニョン人とネアンデルタール人が 34,000
　　　　年前に隣り合わせで生活していたのかどうかという疑問に対する答
　　　　えの手掛かりを見つけるまで、その答えは誰も確かでなかった。

　これで一応は筋が通った訳になりました。さて、今度は順行訳の手法を
使って訳してみます。

修正訳　クロマニョン人とネアンデルタール人が 34,000 年前に隣り合わせ
　　　　で生活していたのかどうかは、ある解剖学者がネアンデルタール人
　　　　の内耳の骨が固有の形をしていることを発見し、この疑問に対する
　　　　答えの手掛かりを見つけて初めて解明された。

　修正訳でわかるように、特に原文が長い場合は、やはり順行の方が自然に
聞こえると言えます。
　not ... until の考察の締めくくりとして、単に順行訳を使うだけではなく、
順行訳を適用した後に少々工夫を施す必要がある例を紹介します。

例文 7
原文　It does not dawn on us that AI[14] will soon not only play a central role in
　　　business, but also affect almost all aspects of our daily lives until we
　　　realize the exact meaning of its many past accomplishments.

　まず、逆行で訳してみます。

試訳 A　我々は今までに AI が残した多くの業績が一体何を意味するのかに
　　　　気づくまでは、AI が近いうちにビジネスにおいて中心的な役割を
　　　　持つことになり、ひいては日常生活のほとんどの面に影響を与える
　　　　ことになるということがわからない。

14　AI = artificial intelligence

168

　上のように逆行にすると、読者は一体この文はどのように終わるのか、文の最後までハラハラしながら読むことになります。今度は順行を使って訳してみます。

試訳 B　我々は今までに AI が残した多くの業績が一体何を意味するのかに
　　　　気づいて初めて、AI が近いうちにビジネスにおいて中心的な役割
　　　　を持つことになり、ひいては日常生活のほとんどの面に影響を与え
　　　　ることになることがわかる。

　この場合、順行で訳しても「〜初めて」と呼応する「〜がわかる」の距離が逆行の時と同様、離れすぎて理解しづらいことがわかります。そこで、文の主旨「AI がどのような役割を果たすのか」に関する情報を、訳文の最初に提示することを考えます。そうすれば読者は安心して読むことができます。単なる順行訳とは違った、次のわかりやすい訳ができます。

修正訳　AI は近いうちにビジネスにおいて中心的な役割を持つことにな
　　　　り、ひいては日常生活のほとんどの面に影響を与えることになる
　　　　が、これは今までに AI が残した多くの業績が一体何を意味するの
　　　　かに気づいて初めてわかる。

3　before は「後」、after は「前」？

　before と after に関しては、時として発想の転換が必要になります。この 2 つの接続詞（または前置詞）は、その前後に来る 2 つの出来事のうちどちらが先に起き、どちらが後に起きたかを示します。順行訳によって英語の語順に合わせて頭から訳していくと、物事の述べ方が英語と逆になりやすい日本語では結果として訳語がひっくり返ってしまい、before のある文に「〜をした後」とか、after のある文に「〜をする前」を充てるべき場合も出てきます。次の 2 つの例で確認します。

例文 8

原文　Mr. Rockland won a full scholarship at the University of Pennsylvania Law School, graduated with honors and served as Pennsylvania's secretary of health and welfare before the president named him an appeals court judge five years ago.

試訳　5 年前に大統領の指名により連邦控訴裁判所裁判官に就任する前、ロックランド氏は学費全額給付の奨学金を獲得してペンシルベニア大学大学院の法学部に進み、同校を優等で卒業後、同州厚生長官を務めた。

修正訳　ロックランド氏は学費全額給付の奨学金を獲得してペンシルベニア大学大学院の法学部に進んだ。同校を優等で卒業後、同州厚生長官を経て（～の後）、5 年前に大統領の指名により連邦控訴裁判所裁判官に就任した。

　例文 8 の試訳は逆行で、修正訳は順行でそれぞれ訳してあります。これは、時として逆行がいかに不自然で順行が自然になるかがわかる例です。

　最後に、before と after の訳語がひっくり返ってしまうけれど、その方が原文の主旨をうまく訳せるという例を挙げておきます。

例文 9 ［ある米国大統領が連邦政府の幹部職を任命したとき］

原文　The nominations came after a long and tempestuous search for candidates for the Fed position.

試訳　連邦政府のこの職位に対する候補者の長くかつ難航を極める選考過程を経て（～の後）、今回の任命に至った。

修正訳　連邦政府のこの職位の任命に至るまでの（～に至る前の）候補者の選考過程は、長くかつ難航を極めるものだった。

　選考過程がいかに長く大変であったかというのがこの原文の主旨であることを考えても、修正訳の方が自然でわかりやすいことがわかります。

第IV部
文レベルで考察する英和翻訳

PART IV
English–to–Japanese Translation
from the Syntactic Aspect

第1章
比較級、同等比較、最上級

Chapter 1
The Comparative, the Equative
and the Superlative

　まず、次の例文1を見てください。

例文1

原文　Susan drives a car faster than I do.

　この単純な英文を日本語に訳すとしたら、普通は下のどちらかになるでしょう。

訳例A　スーザンは私より速く車を運転する。
訳例B　スーザンは車を運転するのが私より速い。

　この原文の場合は、学校英文法の「～の方が～より…である」という定型訳を使っても問題ありません。ところが、英語の比較級にはこれよりはるかに複雑なものが沢山あります。英語では比較対象として許容される2つの事物・事象の範囲が日本語の場合より著しく広いこともあり、比較級の翻訳にはかなり工夫が必要だと察することができます。本章では、一般的な比較級から始めて、英語にはあっても日本語にはない比較概念、それに加えて同等比較と最上級を翻訳する際の指針を紹介します。

1 比較の対象を明白にする

　英語の比較級の文では、表層に現れている、いないに関わらず、ほとんどの場合、2つの事物・事象を比較しています。原文が何と何を比較しているのかを日本語で適確に表すと意味がはっきりすることがよくあります。次の例文2では、何と何を比べていますか。

例文 2

原文　　Spring temperatures in valley floors vary more widely than those atop hills.

試訳 A　谷底地域の春の気温の方が、丘陵地域より変動の度合が大きい。

試訳 B　谷底地域の春の気温は丘陵地域より変動の度合が大きい。

　原文では、春の気温の変動範囲に関して、「谷底地域」と「丘陵地域」という2種類の地形を比べています。上の試訳 A、B では、「～の方が～より…である」という定型をそのまま使って訳してあります。比較の対象は把握されていますが、定型訳を使ったために、少々翻訳臭が残っています。下の2つの修正訳では、「～に比べて」という比較を表す表現を入れることにより、比較対象を明白にしています。

修正訳 A　春は、丘陵地域に比べて谷底地域の方が気温変動の度合が大きい。

修正訳 B　丘陵地域に比べて谷底地域の方が春の気温変動の度合が大きい。

2 状態変化の動詞を使う

　比較級のもう1つの訳し方に、状態変化の動詞を使う方法があります。

例文 3

原文　　This year there are fewer roses in my garden than last year.

試訳　　うちの庭のバラは去年より今年の方が少ない。

　上の例文では、庭に咲いたバラについて、去年と今年を比較しています。このように現在、過去、未来の時と時を比べている場合は、「〜の方が〜より」の代わりに、下の修正訳のように状態変化の動詞を使うと、意味がいっそうはっきりしてきます。

修正訳　うちの庭のバラは去年に比べて今年は<u>減</u>った。

　比較対象の性質によって、次のように訳語表現を工夫できます。

表17：比較級の訳に状態変化の動詞を使う

比較対象の例	状態変化の性質	訳語例
温度、湿度、高度、深度、人数、価格、身長、体重	一次元的広がり［線、縦方向］	・上がる ↔ 下がる ・高くなる ↔ 低くなる ・増える ↔ 減る ・多くなる ↔ 少なくなる
物理的距離、心理的距離	一次元的広がり［線、横方向］	・長くなる ↔ 短くなる ・遠くなる ↔ 近くなる
面積、平面、画面、心理状態（希望など）	二次元的広がり［平面］	・拡大する ↔ 縮小する ・大きくなる ↔ 小さくなる ・広がる ↔ 縮む ・太くなる ↔ 細くなる
建物、空間、容積、心理状態（希望など）	三次元的広がり［立体］	二次元的広がりの訳語例＋ ・膨らむ ↔ 縮む

3　比較の対象がはっきり現れていない原文

　比較の2つの対象がはっきり原文に現れない場合もあります。次がその例です。

例文4

原文　The budget amount submitted to the city council has grown <u>bigger</u>.

訳例　市議会に提出される予算案の額が<u>大きくなった</u>（<u>増えた</u>）。

　上の訳例は、比較級 bigger を「大きくなった」または「増えた」という
状態変化の動詞を使って訳した例です。この原文には比較の対象が A と B
というようにはっきり出ていません。でもよく考えると、この原文では現在
完了形が使われていることからわかるように、予算案の額の現在と過去を比
較しています。ですから、現在と過去という比較の対象をさらにはっきり訳
出する必要があれば、「前より」「以前に比べて」などのことばを添えること
もできます。

　このように、比較対象がはっきり現れていなくても、原文では何か 2 つを
比較しているのが普通ですから、その対象を深層構造から見出して、つまり
文の成分や文脈から見出して訳すこともできます。

4　比較の対象がたいして重要でない場合

　比較の対象がそれほど重要でないという場合を、次の例文 5 で考えます。

例文 5［企業研修の管理用ソフトの説明］

原文　　Our Employee Training package will enable you to manage your
　　　　training budget more effectively.

　上の原文で使われている more effectively は、何と何を比較しているので
しょうか。たとえば、この原文の前後に他社製品や自社の従来バージョンに
ついて書いてあれば、それと比較して効率がよくなっていると判断できま
す。この場合は、必要と文脈に応じて「他社製品に比べて」「従来バージョ
ンに比べて」などと補足してもよいでしょう。また、このような文脈がない
場合は、過去と比べていると考えてよい場合が多いと言えます。

　比較の対象をはっきり示していない原文は、文脈などから対象が見つかれ
ば、その対象を訳出してもよいと思いますが、訳出しなくても文の意味を理
解する上で差し支えがない場合、つまり比較の要素がそれほど重要でない場
合は、下の訳例のようにそのまま対象なしで訳してもよいと思います。

訳例　　社員研修パッケージを使うと、研修予算を管理する効率が上がります。

　この考えを応用すると、次の例文 6 も比較的簡単に訳せます。

例文 6〔冷蔵庫の製品紹介 The filter system filters 300 gallons of water.〕
原文　　That means less time and money spent changing the filters.
試訳　　より少ない時間と費用がフィルタ交換にかかることになります。

　比較の対象を探すのであれば、他社または従来のフィルタに比べて、この
フィルタの方が性能が高いということでしょうが、この場合も比較の対象が
それほど重要でないと考えていいようです。要するに、この冷蔵庫のフィル
ターシステムを使うと、使わない場合より交換にかかる時間と費用が減ると
いうことですから、状態変化の動詞を使って下のように訳せます。

修正訳 A　フィルタ交換にかかる時間と費用を削減できます。

　これはとりもなおさず、次の修正訳 B ということになります。

修正訳 B　フィルタ交換にかかる時間と費用を節約できます。

5　「より良い」「より大きい」など

　前項の例文 6 で「より少ない」という表現が出ましたが、この種の表現、
つまり「より高い」「より激しい」「より高尚な」のように、「より」の前に
比較対象の名詞を付けずに、「より」を自立語（それ自体で独立して意味を
持つことができることば）として使うことは避けることをお勧めします。本
来「より」は、品詞で言えば「は」や「が」などと同じ助詞です。助詞は、
常に名詞の後に付いて機能する非自立語です。ですから「私より妹の方が背
が高い」のように、比較の対象になる名詞の後に付けて使うのが普通です。
　日本では明治以来、欧文書物に出てくる比較級を翻訳する際に便利な「よ
り＋形容詞」という形が、いわゆる「翻訳調」として使われてきました。翻
訳書物の影響下に育った我々は、この翻訳調が普通と思い込んでしまい、翻
訳調を使わずとも日常使っている自然な日本語表現が存在することを忘れて

しまいがちです。

　非自立語である「より」を自立語として使うのが「翻訳調」であることの証拠は、否定的な意味のことばと一緒に使ってみるとわかります。たとえば、「より悪い」「より小さい」という表現は、「より良い」「より大きい」という表現に比べて不自然に感じませんか。「この中学校の生徒数はより増えた」はまあまあとしても、「この中学校の生徒数はより減った」とは、まず言わないでしょう。

　もちろん、巷を歩けば、たとえば世界選手権などのスポーツ大会のポスターに「より速く、より高く、より強く」などと書いてあるのをよく目にします。しかし、この種のフレーズは第 I 部：第 1 章「1　職業翻訳の種類」で説明しているコピーライティングの分野に入ります。「より〜」という言い方を使えば、多分、大衆にアピールする力が上がると考えたコピーライターの狙いから生まれたことばです。それはそれなりに商業目的を持っているので、機能を果たしていることになります。が、ここで我々が考察しているのは、文芸や産業の分野で職業として翻訳する場合の訳し方ですから、目的が違います。翻訳の場合は、やはり「真面目に」安全な形で訳すのが得策でしょう。

6　同等比較

　同等比較（the equative）の場合、英語では比較する 2 つの事物・事象の内容が広範囲に渡ります。日本語では比較の対象にはとてもならないようなものが、英語では比較できてしまいます。次がその 1 例です。

6.1　as ... as を使った同等比較

例文 7

原文　Psychological maladies may manifest themselves as serious bodily pain just as much as physical maladies like cancer and heart disease do.

試訳　心の病は、癌や心臓病などの身体的疾患と同じくらい深刻な肉体的な苦痛として表面化することがある。

　上の例文 7 では、心の病によって起こる身体的苦痛の度合と、身体の病によって起こる身体的苦痛の度合を比べているわけですが、これを上のように定型を使って「〜と同じくらい〜」と訳すと、いかにも「翻訳しました」と言っているようなものです。

　一般的に「病気」と言うと、癌、心臓病などの代表的なものが頭に浮かびます。患者さんの身体的苦痛は健常者の想像を超えるものと察します。ところが、精神的な病を患っている人も、実際にかなり重症の身体的苦痛を経験することがあり、その痛みの程度は癌や心臓病の痛みと同程度だというのが、この例文の主旨です。でもやはり、日本語でこのようなものの程度を比較するということは、まれにしかないでしょう。日本語では比較しにくいものを平気で比較として扱っている英語を和訳するには、どのような方法があるのでしょうか。

　2 つの事物・事象を比べる表現は「〜と同じくらい」には限りません。比較表現という概念を頭の外に置いて（または自分がその「ボックス」から出て）原文の意味（深層構造）をよく考えます。次の修正訳は、その結果の 1 つです。

修正訳　心の病は、深刻な肉体的な苦痛として表面化することがある。癌や
　　　　心臓病などの身体的疾患と<u>まったく変わりない</u>。

　なお、上の訳には順行訳も使われていることに気づきましたか。

　次に考察する例文は、Ian Johnson 著 *The Short Proof of Evolution* からの抜粋です。

例文 8　[... one might deny (as some do) that the layers of the earth represent a
　　　　succession of very lengthy epochs and claim, for example, that the
　　　　Grand Canyon was created in a matter of days, but ...]

原文　　This surely violates scientific observation <u>as much as</u> does the claim
　　　　that, say, vertebrates just, well, appeared one day out of a spontaneous
　　　　combination of chemicals.

試訳　　このような主張は、たとえば脊椎動物は化学物質の自然結合によっ

て一日で出現したと主張するのと同じくらい、科学的知見を無視していると確言できる。

　この場合も、比較級という文法形式が使われていることはいったん忘れて考えます。また、例文 7 で私が指摘した順行訳の使用が、ここでも役立ちそうです。次の訳はその一例です。

修正訳　このような主張は、科学的知見を確実に無視している。あたかも脊椎動物は化学物質の自然結合によって 1 日で出現したと主張しているようなものだ。

　また、日本語では、あるものの数が非常に多いことを意味して「〜は星の数（ほど存在する）」と言いますが、これに似通った英語の表現として、次の例文があります。

例文 9

原文　There are as many repair tools as there are dishwasher repair technicians.

試訳　食洗機の修理ツールは、修理技術者の数と同じぐらい多い。

　これも定型を使って訳せない同等比較の文です。ある修理技術者がこの食洗機を修理するときはある所定の修理工具を使うが、別の技術者は別の工具を使う、そしてまた別の技術者はまた別の工具を使う ... というイメージを頭に浮かべて考えると、次の訳が出てくるはずです。

修正訳　食洗機の修理工具は、修理技術者によってまちまちである。

6.2　no more than を使った同等比較

　2 つの事物・事象を比べて、どちらも同じようなものだという、いわば同等比較の意味を表すには、no more than を使うこともできます。no more than は not more than と同じ意味ですが、no を使うことによって、内容が

強調されているニュアンスがあります。

例文 10

原文　　A self-righteous government that heavily subsidizes spectator sports events but does not spend a dime on the prevention of viral infection is <u>no better than</u> an arrogant dictator who executes his citizens for no reason.

試訳　　観客スポーツイベントには膨大な額の支援金を給付するが、ウイルス感染の予防にはびた一文費やさないという独善的な政府は、理由なしに国民を処刑する横柄な独裁者<u>より良くはない</u>。

　上の原文は、国民のために何もポジティブなことをしない政府を批判していますが、no more than を使うことによって、その趣旨が強調されています。ですから同等比較でも少し色の付いた種類です。「まるで〜のようだ」という直喩的な文（第Ⅳ部：第5章「比喩、諺、格言および慣用表現」を参照）としても解釈できます。

修正訳　　観戦スポーツイベントには膨大な額の支援金を給付するが、ウイルス感染の予防にはびた一文費やさないという独善的な政府は、理由なしに国民を処刑する横柄な独裁者<u>と何の変わりもない</u>。

7 最上級

　最上級にも比較級と同様「くせ者」的存在があります。単純な最上級の場合は「最も〜である」と訳してもかまいませんが、「最も〜」を使うと日本語が不自然になってしまう場合があります。

7.1　「最も〜」と訳すと失敗する場合

例文 11［自動食洗機の紹介］

原文　　Simply select the PreWash cycle to scour away the <u>toughest</u> baked-on foods.

試訳　　プレウォッシュサイクルを選択するだけで、食器にこびりついた<u>最もひどい</u>汚れがきれいに落ちます。

　上の試訳が不自然なのはすぐわかると思います。この原文では、汚れの程度が高いことを強調する目的で最上級が使われています。ですから、「数ある汚れの中で一番汚い」など、真の最上級の意味はなく、むしろ最上級の派生的な用法と言ってよいと思います。下の修正訳では、この文脈における英語の意味が正しく表現されています。

修正訳　プレウォッシュサイクルを選択するだけで、食器にこびりついた<u>どのような</u>汚れもきれいに落ちます。

　このような言い回しは英語で頻繁に見られます。次の例文 12 もその典型です。

例文 12
原文　　The new beach umbrella sways back and forth in the slightest wind.
訳例　　買ったばかりのビーチパラソルは、<u>ほんの少し風が吹いただけで</u>揺れてしまう。

　また、これと同類の最上級構文で、if 節のない仮定法が含まれているケースもあります。

例文 13
原文 A　At the beginning of the 21st century, the speediest man-made spacecraft could not exceed the speed of light.
試訳 A　21 世紀初頭においては、人類が作った<u>最も速い</u>宇宙船が光の速度を超えることはできない。

　if 節が付かない仮定法については第Ⅳ部：第 4 章「仮定法」で述べていますが、この例文では the speediest man-made spacecraft という主語に仮定の

意味が含まれています。すなわち、人類が「最も速い宇宙船」というものを作ったことを仮定して、それが作れたとしても光の速度を超えることはできない、という意味です。もちろん、ここの could not は単純過去ではなく、仮定法過去です。

　この仮定法の意味を表出させて次のように訳すと、意味が正確、かつ自然な訳ができます。

修正訳A　21世紀初頭においては、人類が<u>どんなに速い</u>宇宙船を作った<u>と</u>
　　　　<u>しても</u>、光の速度を超えることはできない。

　ちなみに、この種の文では、最上級の前に even ということばを足しても意味が同じで、その上意味がわかりやすくなります。

原文B　At the beginning of the 21st century, <u>even the speediest</u> man-made spacecraft could not exceed the speed of light.

訳例B　21世紀初頭においては、人類が<u>どんなに速い</u>宇宙船を作った<u>とし</u>
　　　　<u>ても</u>、光の速度を超えることはできない。

7.2　最上級を使わない最上級

　比較級の形をしていても意味は最上級という文もあります。下の例を見てください。

例文14

原文　　Version 5 of this application was sold in <u>greater</u> numbers <u>than</u> any of its earlier versions.

試訳　　このアプリケーションのバージョン5は、<u>どの</u>従来版<u>よりも多く</u>売れた。

　この試訳は誤訳とは言えませんが、やはり物足りない感じがします。思い切って下の訳を使ったらどうでしょうか。

修正訳　このアプリケーションのバージョン 5 <u>ほど</u>多く売れたバージョンは<u>他にない</u>。

　上の修正訳では「他にない」という表現が最上級を表しています。

8 one of the most ...、among the most ...

　最上級を使った構文に one of the most ... という表現があります。これを常に「最も〜のうちの 1 つ」と訳しても間違いではないのですが、日本語として無理が生じる場合があります。among the most ... という表現も同様です。

　たとえば英語では the world's richest people と言っても普通なのに対して、日本語で「世界一お金持ちの人々」というのは少々無理があります。日本語の「世界一のお金持ち」という表現には、どうしても「世界でお金を一番沢山持っている人」ということで、1 人しかいないという単数の意味が内包されているからです。複数存在する「世界一お金持ちの人」のうちの 1 人がどうのこうのという言い方は、日本語に本来存在しないと私は考えます。解決法としては、最上級の形容詞が修飾している名詞が、他と比べて、つまり相対的にその度合が高いことを表現します。the world's richest people の場合は、「一般人と比べて超高額のお金を持っている世界中の人達」という感じの日本語訳を考えます。「世界の富裕層」あたりはどうでしょうか。

　one of the most ... という形の最上級に対応する日本語の表現は、もちろん文脈によっていろいろあります。「比較的」「非常に」「ごく」「特に」「トップクラスの」「最大級の」「最高級の」「世界屈指の」「世界でも有数の」などがその例です。

　次の表で、「最も〜のうちの 1 つ」を使った訳と、それより日本語らしい訳例を対比させてみます。

表 18：one of the most（または among the most）の訳し方

英語表現	従来訳	お勧め訳
one of the most common causes [of ...]	［〜の］最もよく見られる原因の 1 つ	［〜の］主因
one of the most common responses to the question	最も頻繁に見られる回答の 1 つ	ごく普通の回答
one of the most difficult questions	最も難しい質問の 1 つ	かなりの難問
one of the most distinguishing characteristics of Japanese people	日本人の最も際だった性質の 1 つ	日本人の非常に際だった性質
one of the most favored candidates	最も有力視されている候補者の 1 人	有力候補
one of the most prominent authors	最も著名な作家の 1 人	特に著名な作家
another one of the worst smog problems in the nation	［〜も］この国で最悪のスモッグ問題の 1 つ	［〜も］この国のかなり深刻なスモッグ問題

　次の文章は、Edgar Allan Poe 作の *The Oval Portrait*（1850）からの抜粋です。文脈を把握していただけるよう、前節から引用を始めます。

例文 15　［The Chateau into which my valet had ventured to make forcible entrance, rather than permit me, in my desperately wounded condition, to pass a night in the open air, was one of those piles of commingled gloom and grandeur which have so long frowned among the Apennines, not less in fact than in the fancy of Mrs. Radcliffe.

To all appearance it had been temporarily and very lately abandoned.］

参考訳　私の従者が、重傷を負った私が一夜を屋外で過ごすよりはましであろうと、ある城に力ずくで押し入った。その城は、遠い昔からアペニン山脈中に横たわっているあの憂鬱さと壮麗さが混在する城の群れの中にあった。実際、その様子はラドクリフ夫人の小説に出てくる幻想的な場面にも劣らなかった。

どう見ても廃城というのは一時的な状態で、そうなったのもごく最近であるようだった。

原文　We established ourselves in one of the smallest and least sumptuously furnished apartments.

試訳　　我々は最も小さく、最も粗末に家具が備えてある部屋のうちの 1 つ
　　　　に泊まることにした。

　この試訳は「最も〜のうちの 1 つ」という表現がいかに役立たないかを示
しています。工夫の仕方は星の数ほどあるでしょうが、ここでは一応私の解
決法を下に紹介します。

修正訳　我々が泊まることにした部屋は極めて小さく、そこにある家具はお
　　　　世辞にも豪華とは言えなかった。

第2章
受動態

Chapter 2
The Passive Voice

　英語の受動態を日本語に訳すとき、そのまま受動態で訳すべきでしょうか。機械的にそのまま受動態にした場合、見かけは確かに英日どちらも受動態ですから、訳語の選択さえ間違えていなければ、正確な訳であると言えるかもしれません。しかし、真の翻訳は、表層構造のレベルのみで行うものではありません。つまり、翻訳の目的は表面の文体を同じにして訳すことではなく、中にある意味を同価にして、しかも自然な表現で訳すことなのです。英語の受動態表現の訳し方には、以下に挙げる4つの原則があります。

1　受動態和訳の第1原則

自然な能動態をできるだけ使う

　英語が受動態であっても、日本語の能動態や自動詞を使って自然な表現ができるのなら、できるだけ日本語の能動態を使って訳します。まず次の文で使われている受動態の日本語訳について考えてみます。

例文1

原文　　What is this fish called in Japanese?

試訳　　この魚は日本語で何と言われますか。

　この原文の受動態は、上の試訳のように日本語でもそのまま受動態として

訳すこともできます。ではこれを、次の能動態表現と比べてください。

修正訳　この魚は日本語で何と<u>言いますか</u>。

　英語は受動態であっても、それに対するこの能動態の日本語は意味も英語と同じで、自然ですよね。自然な日本語の能動態を使えるのなら、極力そうしましょうというのが、この第 1 原則です。
　日本語では、次のセクションで述べる日本古来の受け身表現を除いては、受動態はあまり使われていなかったのですが、明治時代におびただしい西洋文献が日本に流入し、それを翻訳するときに欧文の受動態をそのまま「れる」「られる」の受動態形式にしていたため、いわゆる「翻訳調」の日本語ができあがりました。こういった翻訳書を読んで育った現代人は「れる」「られる」を多用することに何の抵抗も感じないようにコンディショニングされているとも言えるでしょう。そういうわけで、上の文の場合は「言われます」より「言います」の方が従来の日本語的センスに合うと私は考えます。
　次に挙げるのは、興味深い例です。

例文 2
原文　　While they were growing up, older Japanese people <u>were taught</u> to be modest.
試訳　　年輩の日本人は、謙虚にしなさいと<u>教えられて</u>育った。

　試訳のように受動態で訳しても意味はもちろん通じ、また日本語としても自然な感じです。このままでもいいでしょうが、試験的に能動態を使うとどうなるでしょうか。「教えられて」を「教えて」という能動態にすると意味が違ってしまいます。ところが日本語の「教える」という動詞には「教わる」という親戚のような動詞があります。これを使うと次の訳ができます。

修正訳　年輩の日本人は、謙虚にしなさいと<u>教わって</u>育った。

　「教わる」は日本語らしいが少し古めいた感じがあると思う方がいるかも

しれません。私は古いことばを復帰とか再生させようとしているのではありませんが、使って損はしないので、受動態の動詞の代わりにこれを使っています。

　この第1原則が活躍する例をもう1つ紹介します。

例文3［ソフトウェアのセットアップについての説明書］

原文　　At this point, setup is accomplished and the display is returned to the normal mode.

試訳　　これでセットアップは達成され、画面はノーマルモードに戻されます。

　上の原文では受動態が2回使われていますが、そのまま受動態で試訳のように訳すと、ご覧の通り不自然になってしまいます。この場合も、同じ意味の自動詞（つまり能動態）を探して、次のように不自然さを解決します。

修正訳　　これでセットアップは完了し、画面はノーマルモードに戻ります。

　この第1原則は、英語の受動態を日本語に訳す際に最も基本となる規則です。

2　受動態和訳の第2原則

被害・迷惑の受け身

「被害」「迷惑」「受益」の意味を持つ英語の受動態は、日本語でもそのまま受動態で訳します。次の例文で確認してください。

例文4

原文　　We got caught in a shower on our way home from class last night.

試訳　　ゆうべ、学校から帰宅する途中で雨が降った。

　この試訳のように能動態で訳すと、帰宅途中に雨が降ったという客観的な事実のみを述べていることになります。すなわち、試訳の日本語は It rained on our way home from class last night. と同じ意味になります。ところが原文中の got caught という英語表現には「雨が降るといういやな目にあった」という「被害」のニュアンスがあります。We got rained on ... とも言えます。これを日本語で表すには、日本に昔からある、いわゆる「被害の受け身」「迷惑の受け身」を使って次のように訳すとぴったりです。

修正訳　先週、クラスから帰宅する途中で雨に降られた（見舞われた）。

　「被害・迷惑の受け身」とは、たとえば「家の前にビルを建てられて、景色が悪くなった」のように、ビルが建てられるという客観的現象ではなく、その結果生じる人間の感情に焦点をあてているものです。この種の受け身は、その逆の意味の「受益」の受け身としても使えます。

例文 5
原文　　Professor Wood is well respected by her colleagues.
訳例　　ウッド先生は同僚の先生方からとても尊敬されている。

　ここでは、主語の人物が同僚から尊敬という利益的な感情を受けています。受動態にしても自然に聞こえます。これが「受益の受け身」です。
　さて、この原則には例外も少しあるので挙げておきます。被害や受益の意味の英語の受動態に対して、英語に相当する日本語の受動動詞を使っても不自然な場合は、能動態で訳すしかありません。

例文 6
原文　　My sister was badly injured in a factory accident.
試訳　　妹は工場の事故で重傷を負わされた。

　「重傷を負わされた」と訳すと確かに「被害」のニュアンスが出るような気もしますが、誰から被害を受けたかをはっきり表したいなど、特別の場合を除いては、第 1 原則に従って能動態を使う方が自然です。

修正訳　妹は工場の事故で重傷を<u>負った</u>。

3 受動態和訳の第3原則

<u>動作主が不特定多数の場合</u>

　動作主が不特定多数の場合、誰であるのかが明確でない場合、または重要でない場合は、日本語でもそのまま受動態で訳します。

例文7

原文　　It is said that the senator will announce his candidacy soon.

訳例　　この上院議員は、近日中に出馬を表明すると<u>言われている</u>。

　上の is said は「と言われている」と訳すしかないでしょう。「言う」の主語を無理に出して「人々は言っている」としてもやはり不自然です。このように、動作主が不特定多数である場合、誰かはっきりわからない場合、または重要でなくて言うに足らない場合は、日本語でも英語と同様、受動態を使います。これに該当する動詞には「言われる」の他に「行われる」「伝えられる」「期待される」「予測される」などがあります。

4 受動態和訳の第4原則

<u>状態動詞と感情動詞</u>

4.1　状態動詞

　英語の状態動詞（第Ⅱ部：第2章「5　日本語で無生物主語を使用しても自然である場合」を参照）を含む文の受動態の場合、日本語では受動態の代わりに能動態や自動詞を使って表現した方が自然になる傾向があります。

例文8

原文　　The Admissions Building <u>is located</u> in the eastern corner of the campus.

訳例　　入学事務局のビルはキャンパスの東のすみに<u>ある</u>。

　この文では「〜に置かれている」とするより、「ある」とした方が適切です。これは誰かが建物をどこかに置く、据えるという動作を表す文ではなく、ある場所に「存在する」という状態を表す文だからです。状態を表す英文では、動詞の形が受動態であっても、動作主の行った動作によって誰かまたは何かが影響を受けるという、受動態本来の意味が完全になくなっています。意味は自動詞的（自動詞はすべて能動態）です。ですから日本語でも、英語の構文（表層）をまねるのではなく、意味（深層）に基づいて能動態または自動詞で表すのが自然です。受動態形式であっても状態を表すという英語の動詞には、この他 be situated、be found などがあります。そのうちの1つ、be covered が使われている例を使ってさらに研究してみます。

例文 9

原文　　Mt. Fuji was covered with snow when I went to see it last month.

試訳　　富士山は、先月見に行ったときは雪で覆われていた。

　この試訳は教科書的な訳です。この英文は確かに「雪が富士山を覆っていた」という文を受動態にしたもののように見えますから「覆われていた」と訳しても正しいのですが、次のようにすれば、すんなり自動詞を使って見事に自然な文ができあがります。

修正訳 A　富士山は、先月見に行ったときは雪が積もっていた。

　または、次のように擬人法を使って文芸的に訳す方法もあります。

修正訳 B　富士山は、先月見に行ったときは雪化粧をしていた。

　次の文もまた状態を表す例です。

例文 10

原文　　The name of the Prefectural Governor is known to everyone in that
　　　　prefecture.

試訳　　その県の県知事の名は、その県の誰にも<u>知られている</u>。

　上の訳は教科書的ですが、これも能動態を使って次のようにきれいに訳せます。

修正訳　その県の県知事の名は、その県の誰もが<u>知っている</u>。

4.2　感情動詞

　さて、英語には感情を表す動詞が沢山あります（第II部：第2章の「無生物主語と共に多用される英語動詞」、および「感情の動詞が使われている場合」の各項を参照）。be amused、be annoyed、be surprised、be satisfied など、挙げればきりがありませんが、この種の英語動詞が感情を表すときは、常に受動態で使われます。受動態で使われるということから、状態動詞の一種と考えることもできます。動作を表すのではなく、心の「状態」を表すからです。英語でも動詞というより形容詞的に使われています。その証拠に、I'm <u>very</u> pleased のように、形容詞を修飾する副詞 very を使うことができます。受動態の意味がないということから考えても、こういった動詞の受動態は、完全に能動態か自動詞で訳すべきです。感情動詞の一例を挙げます。

例文 11
原文　　She was disappointed to see her son's grade report.
訳例　　息子の通知表を見てがっかりした。

　ここでは「がっかりした」という自動詞がぴったりです。この英文の場合、故意に「失望させられた」と「被害の受け身」的に訳すと誤訳になります。というのは、was disappointed は disappoint するという行為を受けた人の心情、つまり状態を表すことばであり、被害・迷惑を受けるというニュアンスは、あったとしても非常に薄いからです。

第**3**章
時制

Chapter 3
Tense

　英語の時制の基本について今さら詳しく説明するにはおよびませんが、心に留めておきたいのは、英語と日本語の時制構造は本質的に大きく違っているということです。ですから、英語の現在形が必ずしも日本語の現在形と意味の面でぴったり一致するとは限りません。たとえば、なかなか来ないバスを待っていて、やっと見えたとき、英語では Here it comes! と現在形で言いますが、日本語では「あ、来た、来た」と過去形（非現在形とも言う）になります。ですから、ここでもやはり構造（つまり文法、表層構造）より意味（深層構造）をしっかりと見て訳すことが重要です。本章では、誤りやすい日英間の時制のギャップを考察していきます。

1 現在形は習慣・反復動作

　英語の現在形は、基本的に現在の時点で習慣的に、または反復して起こる動作や行事を表します。

例文 1

原文　　Every day the mailman shows up at my house around 2 o'clock.

　郵便屋さんが午後 2 時ごろ郵便を届けに来るということが毎日繰り返されている状態を示す文です。訳すときには習慣性を出して次のように工夫でき

ます。

訳例　　郵便屋さんは毎日 2 時ごろに<u>なると決まって</u>やってくる。

2　職業の現在形

では次の文はどうでしょうか。

例文 2

原文　　My niece writes reports for the Department of Labor.
試訳　　私の姪は労働省のためにレポートを書きます。

　これではピンときません。問題は to write という動詞の単純現在形です。これは現在の習慣的事柄には変わりありませんが、職業について述べているものですから、それをはっきり述べて次のように訳すべきです。

修正訳　私の姪は労働省のレポーターです。

3　時制の一致

英語には「時制の一致」というルールがあります。

例文 3

原文　　I thought his house was spacious.

　ここでは主節の動詞 to think が過去形であるために、従属節の動詞 to be の時制もそれに一致して過去形になっていますが、そのまま日本語に訳すとどうなるでしょうか。

試訳　　彼の家は広かったと思った。

英語と同じように日本語の主節と従属節をどちらも過去形にしたのが上の訳ですが、これは明らかに誤訳です。この訳では彼の家が広かったのは「思った」時点よりもさらに前のこと（「以前は広かった」）であったかのように解釈されてしまう危険性があるからです。要するに、英語の時制一致ルールは、そのまま日本語では使えないのです。正しい訳が下記であることは言うまでもありません。

修正訳　彼の家は<u>広い</u>と思った。

4 完了形

英語の現在完了形や過去完了形は、日本語にない動詞形であるため明確に訳しにくく、日本語訳に表出しないことがよくあります。

例文 4
原文　　The roses in my garden had been growing wildly until I finally trimmed them back last month.
訳例　　庭のバラがやたらに伸びてしまっていたので、とうとう先月切って手入れした。

上の訳では、「～しまっていた」という形でかろうじて過去完了 had been growing の意味が出ている以外は、過去完了と単純過去の相違がはっきり出ていません。日本語には過去完了形がないため、構文の表現に相違が出なくても当然なのですが、過去完了の基本をよく理解しておくと、訳すときに工夫できることがあります。

過去完了の文は、必ず過去における2つの時点を含んでおり、そのうちの1つは他の時点より前に起こったことを示します。たとえば、上の例文で「やたらに伸びていた」のが時点 A、「先月バラを切った」のが時点 B とすると、時点 A は時点 B より前であったという事実を過去完了形がはっきり示しています。日本語にはない完了形を補うための工夫は多数あると思いますが、次の技法が最も有効かと思います。

4.1　英語の完了形と時の表現

　場合によっては、「前」とか「後」のように時を表すことばを補って過去における2つの時点の関係をはっきりさせることによって、過去完了の意味を日本語に表せることがあります。

例文5

原文　　The last train had left the station before I got there.

試訳　　私が駅に着く前に、最終電車は出ていた。

修正訳　駅に着いたのは、最終電車の出た後だった。

　この文で「後」という日本語に相当する単語は原文にありませんが、その意味は had left という過去完了形の中に十分含まれています（第Ⅲ部：第7章「3　before は「後」、after は「前」?」を参照）。

　また、次のように過去と未来の時制が混じっている文についても同じようなことが言えます。

例文6

原文　　It is taken for granted that because Japanese have, for the most part,
　　　　always been quite slim, they always will be.

試訳　　日本人は一般的に言っていつもかなりほっそりしていたから、いつ
　　　　もほっそりしているのが当然だと思われている。

　上の原文では過去から現在までの状態（現在完了）と未来の状態を対照させているわけで、その時制の対照が現在完了形 have been と未来形 will be にはっきり表れています。ですから日本語でもこの対照を何とかして出さないといけません。上の試訳ではどうしても物足りない感があります。スペイン語などのロマンス系言語では、各動詞自体に「未来形」という活用形があります。また、英語で未来の文を作成するには、未来の助動詞 will などを使えます。ところが、日本語にはこうした動詞・助動詞レベルでの「未来のマーカー」がないため、they always will be quite slim は「いつもほっそりしている」という現在形と同じ形を使うことになってしまいます。そこで、次

のように時を表す表現を補足すると、納得のいく訳になります。

修正訳　日本人は<u>今まで</u>一般的に言っていつもかなりほっそりしていたから、その細さは当然<u>今後も</u>変わらないと思われている。

　こういった補足機能は第Ⅳ部：第 7 章「補足と短縮」で扱っていますが、良い訳を作るには時として非常に重要です。自分の好きなことばを勝手に補足するのは困りますが、原文の深層構造、つまり意味に必ず存在するものであれば、原文の字面になくても日本語では語句を補足して意味を明確にしましょう。
　時を表す表現を使うことによって、英語の完了形が表す物事が起こった時間関係を表出させる例を、下にもう 1 つ挙げます。

例文 7
原文　Founded in 1908, AMS <u>has grown</u> into the world's largest full-line farming machine manufacturer.
試訳　1908 年創業の AMS は、農業用機械の世界最大の総合メーカーに<u>成長しました</u>。

　原文を知らない読者がこの試訳を読むと、会社が成長したのがすでに過去の一時期のイベントだったのか（そしてその後衰退したとか？）、または成長は現在も続いているのかがはっきりわかりません。has grown という現在完了形は、「現在では〜になりました」という、時を表す日本語表現を補足して訳すと、下の修正訳ができます。

修正訳　1908 年創業の AMS は、<u>現在では</u>農業用機械の世界最大の総合メーカーに<u>成長しました</u>。

　次の文は、時の表現を使って訳すことの重要性を示す代表的な例です。時制表現に重要である物事の経過を示すため、原文の前にあった段落を示してあります。

例文 8　［In the 19th century, a European mathematician, Hans Gross, claimed
　　　　that his field, astrology, was based on scientific facts. Based on his
　　　　astrological theory, he made some predictions, all of which turned out
　　　　to be true. This attracted the attention of his King, who invited Gross
　　　　to become his advisor. For a while Gross was popular around the
　　　　palace, but soon fell out of favor, and died penniless.］

原文　　Gross had attempted to prove astrology by examining the changing
　　　　positions of the planets circling around the sun.

試訳　　グロスは、太陽を周回する諸惑星の位置の変動を調べることにより、占星術を立証しようとしていた。

　この原文で使われている過去完了形 had attempted を、試訳では「～しようとしていた」と訳しています。英語のこのような過去完了形に対応する日本語の動詞形がないため、こういう結果になったのですが、ここでもうひとふんばりして、英語ではどうしてわざわざ過去完了が使われているのかを表出させないと、意味を完全に訳せたことになりません。

　ご存知のように、過去完了は過去の2つの時点を対照させるためのツールです。原文の直前の文では、グロス氏が他界したことを述べていますから、他界した時点とそれ以前の時期をはっきり分けて訳すことを考えます。方法はいくつかあるでしょうが、私の場合は下の修正訳に辿り着きました。

修正訳　生前のグロスは、太陽を周回する諸惑星の位置の変動を調べることにより、占星術を立証しようとしていた。

第**4**章
仮定法

Chapter 4
The Subjunctive Mood

　現実には起こっていない、または起こり得ないことをすでに起こったと仮定して作成するのが仮定法の構文です。典型的な仮定法の文は、もし〜であったら、という仮定条件を述べる従属節（動詞は過去形か過去完了形）と、その結果を述べる主節（動詞の前には would などの助動詞が付く）から成り立っています。

例文 1

原文　　If I were not sick, I would attend the meeting today.

訳例　　病気でなかったら、今日の会議に出るのだが。

　　　　（実際は現在病気なので欠席しなくてはならない）

　現在ではなく過去のある時点の動作・状態と反対のことを仮定する場合は、仮定法過去を使います。

例文 2

原文　　If I had not been sick yesterday, I would have attended the meeting.

訳例　　昨日病気でなかったら、会議に出ていたのだが。

　　　　（実際は昨日病気だったので欠席した）

1 if 節のない仮定法構文

さて、面白いのは、仮定の if 節がない仮定法構文が存在することです。

例文 3

原文　　A good teacher would not recommend that textbook.

試訳　　よい教師はその教科書を推薦しない。

　英語の動詞が普通の現在形ではなく would がついていることに注目してください。この文の仮定は、実は主語の A good teacher に含まれているのです。つまり、上の英文は次のように書き換えられます。

同価文　If a good teacher was (asked) to recommend a good textbook, he/she would not recommend that one.

　主語の名詞にこのような仮定の意味を含ませるということは日本語では不可能です。したがって、上の書き換え文の下線部分（表面にはなくても深層構造に入っている）から日本語訳を引き出すつもりで訳すと、次のようになります。

修正訳　よい教師だったらその教科書を推薦しない。

　さて、仮定の意味は主語に含まれるとは限りません。次の文の仮定はどこに含まれていますか。

例文 4

原文　　A century ago, no one could have imagined crossing the Pacific in 11 hours or so.

　上の文では、実は A century ago という時を表す副詞句に仮定が含まれています。現在はジェット機で 11 時間ほど飛べばアメリカの西海岸から東京

まで行ける、というのは周知の事実ですが、もしこれが 1 世紀前のことだったら、と仮定しているわけです。それを表したのが次の訳例です。

訳例　　これが 1 世紀前だったら、太平洋を 11 時間ほどで横断するなど誰も想像できなかった。

　次の例文 5 では、仮定の意味が With a little more money saved という副詞句に含まれています。

例文 5
原文　　With a little more money saved, I could have afforded a Mercedes.

　この副詞句を次のような仮定の副詞節に書き換えても意味は同じです。

同価文 A　If I had had a little more money saved, I could have afforded a Mercedes.
同価文 B　If I had saved a little more money, I could have afforded a Mercedes.

　これを仮定的な意味を含ませて訳すと次のようになります。

訳例　　もう少し貯金をしておけばベンツが買えたのに。

2　発想転換する

　時にはいつもの「ボックス」（自分の殻）から出て発想転換してみるのもいいことです。

例文 6［The checkers at that supermarket are all so rude!］
原文　　I would go back there only if they replaced all of them.

　上の仮定文を定型通りに訳すと次のようになります。

201

試訳　　レジ係を全員替えたときのみ、あのスーパーに行ってやる。

　これでは翻訳臭が強くていただけません。こういう場合は思い切って定型訳を捨て、自分が発話者の気持ちになって、自分だったら普通何と表現するだろうかと考えてみます。この場合、発話者はこのスーパーでは買い物をしたくないと怒っているのですから次の訳はどうでしょうか。

修正訳　レジ係を全員替え<u>ない限り</u>、あんなスーパーになんか<u>行ってやらない</u>。

　上の修正訳では、英語の肯定文の内容を日本語では否定文として表現しています。日本語には英語の仮定法に対応するはっきりした構文がないため、訳すときはその意味を表すことができる表現を探す必要があります。「〜だったら…であった」とか「〜したら…していた」という定型を使って訳して差し支えない場合ももちろん沢山ありますが、訳語表現のレパートリーはこれより増やしておかないと、実戦力があるとは言えません。

第5章
比喩、諺、格言および慣用表現

Chapter 5
Figurative Expressions, Proverbs and Idioms

　私達の言語生活は比喩や慣用表現に囲まれていると言っても過言ではありません。当然、英語の原文にも頻繁に比喩や慣用表現が出てきますが、問題は英語を日本語に直訳しても意味が通じないとか、ひどいときにはとんでもない誤訳になってしまうということです。

1　直喩

　比喩には細かい区分がありますが、代表的なものは2つです。1つ目の比喩はあることを他のことに直接例える比喩で、直喩（simile）と言います。英語では as や like、日本語では「あたかも」「まるで」「ちょうど」などのことばが伴うので、それが直喩であることはすぐわかります。

　　・as cool as a cucumber
　　・like a deer in the headlights

　上の最初の例は「キュウリのように冷静」ということですが、キュウリがどうして冷静なのか、日本人には想像がつかない表現で、そのままでは訳せません。キュウリは使わず、「冷静だ」などと平たく訳すのが妥当でしょう。また、次の例は「ヘッドライトの中の鹿のように」となっています。鹿がよく出る地域にお住まいの方はわかると思いますが、鹿が暗い夜道を横断

しようとしたときに迫ってきた自動車のライトに照らされると、何をしてよいか判断が付かず、その場で凍ったようになって動けないので、それを他の事象を説明するときに使います。さて、意味はわかったとしても、日本語にこういう表現はないので、これも「びっくりして」などと平たく訳すのが無難でしょう。

2　隠喩（暗喩）

　もう１つの代表的な比喩は隠喩または暗喩（metaphor、世の中の日本語文献では「メタファー」と書かれているが、英語の発音は「メタフォア」に近い）と呼ばれ、直喩のようにはっきり表れませんが、実は私達の日常生活はこの隠喩であふれています。たとえば人生について going my way と言うときは、人生という抽象概念を道という物に例えています。人生を道に見立てるという隠喩は幸い英語と日本語の両方に存在しますから、going my way は「自分の道を行く」と訳しても差し支えないでしょう。ところが、そうではない場合はどうでしょうか。

例文 1
原文　　I am not much of a night owl.

　上の例では発話者が自分を「夜のフクロウ」として扱っています。そのまま「フクロウ」と訳しても、それに対応する日本語の比喩表現がないため、やはり次の訳例のように深層構造にある意味を使うことになります。

訳例　　私はあまり夜型ではない。

　隠喩というのは先ほど言ったように日常生活にあふれており、我々はその存在にほとんど気づかずに生活しています。直喩の場合は、as ... とか like ... のように、この先は比喩表現になりますよというサインになることばがありますから、ああ、これは比喩だから注意して訳さなければならないな、とわかります。ところが、隠喩の場合はそのサインがなく、文字通り比喩がこと

ばの中に隠れています。ですから、よほど注意していないと、ある表現が隠喩であることに気づかないことがあります。そのために意外なところであやまちを犯してしまうものです。というのは、英語の隠喩がそのまま日本語で隠喩として使えない場合が多いからです。

　たとえば、pay attention は注意というものを「支払う」ものであると見立てた隠喩です。偶然ですが、これはそのまま「注意を払う」と和訳できます。一方、invest your time wisely という表現は、時をあたかも株式のように扱っている隠喩です。気をつけていないと「時間をうまく投資する」などと訳してしまいそうです。もちろんこの比喩は日本語にはありませんから、「時間をうまく利用する」などの表現にしなくてはいけません。

3　諺、格言および慣用表現

　比喩に類似したものとして、諺または格言（proverb *or* saying）と呼ばれる表現があります。この種の表現は文化によって異なる形で存在しますが、所詮同じ人間が思ったり感じたりすることですから、表層（構文・文字面）と深層（意味）の片方または両方において、異文化間で偶然似ている場合もあります。

　このように、文化ごとに独立して発展した諺・格言が 2 つの文化間で偶然同じ形式と意味を持っている場合もあれば、ある文化が他の文化から輸入した（取り入れた）諺・格言もあります。

　ここで英語と日本語でよく使われる諺のうち、意味が非常に似ているものをペアにして下の表にまとめてみました。

表 19：意味が似ている英語と日本語の諺

英語の諺	日本語の諺
・a (or the) tip of the iceberg 南極または北極の周辺を航海中の船が、上からは見えない水面下の氷山のサイズを間違えて判断し、海難事故に遭遇した諸例から。最初に使われた記録は 1969 年。	・氷山の一角 語源は不詳。日本は北海道に来る流氷を除いて氷山にあまり馴染みがないことから、西洋から取り入れた表現と思われる。
・to kill two birds with one stone 17 世紀のイギリスの諺。	・一石二鳥 日本に輸入された諺。
・When it rains, it pours. ・It never rains but it pours. 語源は不詳。18 世紀初期のイギリスの書物に見られる。	・降れば（必ず）土砂降り ・二度あることは三度ある 語源は不詳。
・putting the cart before the horse 16 世紀初頭のルネッサンスにおいて比喩として使われた。	・本末転倒 鎌倉時代に貴族のためにあった本山の寺院に「末寺」という末端社会バージョンができて繁栄した。［本］山（重要性が高い）と［末］寺（重要性が低い）の位置付けがひっくり返って反対になったという意味。
・When in Rome, do as the Romans do. 4 世紀のミラノの司教 Ambrose のことば。	・郷に入っては郷に従え 13 世紀の中国、南宋の時代の禅宗の歴史書から。
・the pot calling the kettle black スペインの小説 Don Quixote の Thomas Shelton による翻訳書（1620 年）に現れた。	・自分のことを棚に上げる 「棚にしまっておく」という表現が起源。
・Two heads are better than one.	・三人寄れば文殊の知恵
・Too many cooks spoil the broth.	・船頭多くして船山に登る
・See Naples and then die.	・日光を見ずして結構と言うなかれ
・Actions speak louder than words. 1550 年頃、フランスの著者 Michel de Montaigne（1533–1592）が最初に使ったとされる。	・不言実行 孔子の孫弟子が孔子の教えを説いた『論語』より。
・Who knows most, speaks least. 1666 年発行のイタリアの格言集で初めて参照された。 ・Cats hide their claws. イギリスの諺。	・能ある鷹は爪を隠す 安土桃山時代の諺集より。

　上の表の中で、When it rains, it pours. は「降れば土砂降り」とほとんど同じ意味と見ていいと思います。また Cats hide their claws. は、動物の例えが違っていて、ニュアンス的にわずかなズレがある以外は「能ある鷹は爪を隠す」とほぼ同等です。このように 2 つの言語間に意味がほぼ対等である諺・格言が存在する状況を私の翻訳理論で言うと、両言語間の表層構造が似ている上、深層構造がほぼ等しいということになります。See Naples and then die. と「日光を見ずして結構と言うなかれ」もこの種類に入ります。

　ところが、the pot calling the kettle black という諺の場合は、少々考える余地がありそうです。その昔、炭や石炭を使って炊事していたころは、鍋もやかんも煤がかかって真っ黒でした。鍋がやかんに向かって「お前って真っ黒だな」と冷やかしたが、そういう自分自身も真っ黒であることを知らない、または無視しているという意味です。この場合は、「鍋がやかんに「お前は黒い」と言う」と日本語に訳しても、背景を知らない読者だったら、説明なしで即座に理解することはできないでしょう。

　この英語の諺の訳として「自分のことを棚に上げる」という日本語の慣用句を当てるという方法があります。この 2 つの表現の表層構造はもちろん大きく異なっています。深層構造の意味を取り出しても即座に理解できません。この場合は、構文も意味もまったく違った 2 つの表現が基底構造、つまり機能の面で同価であると解釈します。ですから、文脈を鑑みることを条件として翻訳に使うことができます。

　Two heads are better than one. と「三人寄れば文殊の知恵」もこの種類のペアです。英語では 2 人と言っているところを日本語では 3 人となっていますが、表現の大意に支障はないため、基底構造においてこの違いを敢えて無視することができます。

　要するに、英語と日本語の表現の間で意味または機能がほぼ同じであったら、「文脈を鑑みる」という caveat があるものの、一般的にはその 2 つの表現を同価として結びつけてもいいと思います。

　しかし、このような意味や機能が同じという「好運」がない諺・格言が沢山あります。以下はそのほんの一部です。

・An apple a day keeps the doctor away.

・Curiosity killed the cat.
・Don't bite off more than you can chew.
・You can lead a horse to water but you can't make him drink.
・Absence makes the heart grow fonder.

　日本語に等価の表現が存在しない英語の諺や格言を和訳するときは、デフォルト対応として「平べったく」、つまりその英語表現が示す内容を、読者が理解できる形で深層翻訳することになります。このときに翻訳者の創造性が問われると言ってもいいかもしれません。

　次の例文は、皆さんだったらどう訳しますか。

例文2
原文　　I dropped the ball at work yesterday.

　これはスポーツに由来するアメリカの慣用表現です。アメフト、ラグビー、野球などの球技で選手がボールを落とすということは、チームにとって大きな失点につながる可能性があります。日本語で平たく言えば「大きな間違いをする」という意味になります。文脈によっては、次の訳も適切でしょう。

訳例　　昨日、会社でえらいことをしでかした。

　このような慣用表現は、諺のように人生経験から出た教訓というニュアンスはありませんが、定型表現のうちの1つです。目が笑う、目が物を言う、目が飛び出る、目が肥える、尻が割れる、胸が躍る、へそが茶を沸かす、金にものを言わせる（金がものを言う）など、慣用表現は無数にあります。

　慣用表現も比喩や諺の場合と同様で、日本語に対応する適切な表現があればそれを使い、なければ深層にある意味を「平たく」訳すことになります。

The Way I See It (4)　　　　　　郷に入っては郷に従え

　日本のハンバーガー店では、本場アメリカでは考えられないことが起こっています。アメリカでハンバーガーやフライドポテトを注文すると、何も言わなくてもケチャップのパックをいくつか付けてくれます。ある年、私が日本のある店でハンバーガーとフライドポテトを注文してトレイの上に現物をもらったとき、ケチャップが付いていないのに気づきました。アメリカでは、セルフサービスカウンターに行けばケチャップのパックがありますが、その店にはその設備がありませんでした。それで店員に「ケチャップお願いします」と言ったら、ちょっと不思議な顔をした後、奥から小さなケチャップのパックを1つ（だけ）持ってきてくれました。日本人はハンバーガーなどにケチャップをあまり使わないのかと感じました。考えてみれば、アメリカ人はケチャップがないと食事ができないなどと冗談で言われていますから、日本でケチャップを要求する私の方が異様なのかも。また、日本のハンバーガー店は日本人の口に合うように味噌味のたれなどを使ってお客様を誘引しています。郷に入って郷に従っています。

　ピザ屋も同様。日本のピザはトッピングが半端じゃありません。お餅、マヨネーズ、コーン、ポテト、照り焼きチキンなど、ピザの上に載せられそうな食品なら何でも載せてしまうという豪華さ。

　「郷」の場所を変えてアメリカの日本食レストランに行くと、まず飲み物を注文します。これは日本も同じ。でも主菜の注文後、最初に味噌汁だけが出てきます。お椀の中に大きなレンゲが入っています。スープは食事のコースの最初に出し、スプーンを使って食すと決まっている欧米文化圏なので、日本食という異物が郷に入っても、やはり郷に従っています。一昔前までは、アメリカの田舎の日本食レストランに行くと味噌汁にレタスが入っていたり、カレーに砂糖が入っていたりすることがありました。でもこれもやはり、「郷に入れば郷に従え」の実践結果なのでしょう。

第**6**章

直接話法と間接話法

Chapter 6
Direct Speech and Indirect Speech

1　英語における直接話法と間接話法

　英語には直接話法、間接話法という話法が存在します。直接話法は、発話者が言ったことばを第三者がそのままの形で言うことで、その内容をダブルクオーテーション・マーク（" "）で囲みます。このマークを使うときは、発話者が話した内容をそっくりそのまま引用する（to quote verbatim）というルールがあります。文書の場合、特に公文書に関しては verbatim のルールが厳しいようです。

　一方、英語の間接話法は、発話者が言ったことばを第三者が自分の視点から言い直すことで、クオーテーション・マークは使わず、構文の中に組み込みます。視点が違いますから、間接話法では yesterday などの時の表現や I、she などの代名詞が変わります。

　英語の直接話法と間接話法の典型的な表現法を次の例で示します。

例文 1

原文 A　Yesterday, my supervisor said to me, "Do you want to join me for lunch?"

原文 B　Yesterday, my supervisor asked me if I wanted to join him for lunch.

　上の例では、A が直接話法、B が間接話法の書き方です。A と B はどちらも普通に使われます。

2 日本語ではどう表現するか

　英語には上のようなルールめいたものがある一方、日本語にはそういったものがありません。その検証として、例文 1 の 2 つの英文を和訳してみましょう。

訳例 A　昨日、上司に「ランチを一緒に食べないか」と訊かれた。
訳例 B　昨日、上司にランチを一緒に食べないかと訊かれた。

　訳例 A（直接話法の訳）では発話内容を英語にならって一応かぎかっこに入れてあります。が、日本語の場合、かぎかっこはあってもなくても変わりがなく、恣意的に使われています。また、日本語では上司が実際に発したことばが「ランチを一緒に食べないか」であったのか、「昼食に外に出ようか」であったのかは、さほど問題になりません。

　ですから、翻訳するときは文脈から見て適切であると思う形式の日本語にすれば良いわけで、これに関しては翻訳者に自由が与えられていると言えます。たとえば、間接話法で書かれた英語の原文を和訳する際は、オプションがいくつかあると思います。

例文 2
原文　　This AI system can easily memorize content that a human partner has instructed it to.
訳例 A　この AI システムは、人間から提供された内容を簡単に記憶できる。
訳例 B　この AI システムは、人間から覚えるように指示された内容を簡単に記憶できる。
訳例 C　この AI システムは、人間から「これを覚えておいて」と指示された内容を簡単に記憶できる。

　注意すべきことは、翻訳はうわべの構造を伝える作業ではなく、中にある意味を伝える作業であるということです。英語のうわべの構造が間接話法であるからといって、それをそのまま間接話法で日本語に移さなくてはならないという法はありません。かといって英語の間接話法を全部直接話法に直して日本語にする必要もありません。要するに、読者がわかりやすいように自然な形の日本語を考えることが翻訳者の仕事です。

　次の英文では、アンケートに応えた人が書いた内容が間接話法になっています。一方、それに対する日本語訳では、実際にアンケートの中に書かれていた質問文、それに対する回答、または選択肢の文面などが直接話法的に書かれています。

例文3

原文　In a survey of the survivors of the collapse of the hotel in Bodega Bay, conducted a month from the date of the accident, 85% responded that they strongly felt that the rescuers had worked with the best of intentions, while 3% said that they could have done better.

訳例　ボデガ・ベイにあったホテルの崩壊事故の生存者を対象に、事故から1か月後に実施したアンケートでは、救助隊は誠心誠意を尽くしたと思うかという質問に対して「強くそう思う」と回答した人が85%、また「もう少し努力してほしかった」と回答した人が3%だった。

　先ほど述べたように、これは翻訳者に自由が与えられている分野です。文脈に即した訳を作る創造力を発揮するチャンスです。

第**7**章
補足と短縮

Chapter 7
Supplementation and Simplification

　ご存知のように、英語と日本語は、左右対称の図形と違って何もかもが一致するわけではありません。したがって、英語では1つの単語で済むものを、日本語ではことばを補足して、英語より長い表現を使わなければならないことがあります。反対に、英語で単語をいくつも並べないと表現できないものが、日本語では1語で表せるという現象も出てきます。こういった補足機能と短縮機能は、原文の意味を正しく伝えるために時として欠かせない道具です。

1　補足の必要性

　たとえば、レストランの従業員に男性、女性の両方がいるという時に、英語では a mixed staff と言いますが、これをそのまま日本語で「混合スタッフ」としてしまうと、何が「混合」しているのかがよくわかりません。日本語では意味を明確にするために少し説明を補足して「男女混合のスタッフ」程度にします。これが人種についての文脈だったら、アメリカの場合は「黒人（または多人種）が混じったスタッフ」になります。

　以下に挙げるのは補足が必要な初歩的な例です。

例文 1

原文　　I understand you.

試訳　　あなたがわかります。

例文 2

原文　　Listen to me.

試訳　　私を聞きなさい。

例文 3

原文　　I can't express myself too well.

試訳　　私自身をうまく表現できません。

　もちろん、上の 3 つの例文には、次のようにことばを補足して意味を完全にする必要があります。

例文 1

修正訳　あなたの<u>おっしゃっていること</u>がわかります。

例文 2

修正訳　私<u>の言うこと</u>を聞きなさい。

例文 3

修正訳　自分自身の<u>考え</u>をうまく表現できません。

　英語から日本語に翻訳するときは、日本の読者を考慮して事実を補足することが、時として必要です。たとえば、南カリフォルニアのある地元新聞に次の記事が載っていたとします。

例文 4

原文　　Yesterday's flood killed two people in West Covina.

　南カリフォルニアの地理に詳しい人でない限り、日本の普通の読者は West Covina がどこにある町なのかわかりません。この場合、地理的事実を補足して次のように訳すと、読者に対して親切になります。

訳例　　昨日の洪水のため、ウェストコビナ市（ロサンゼルス市郊外の町）で死者が 2 人出た。

2　短縮の必要性

　英語では "What strange weather! It's raining, but the sun's out!" としか表現しようのない現象も、日本語ではすんなり「あ、天気雨だ」で済みます。次の文も同様です。

例文 5
原文　　Where does Lincoln stand in the order of the United States presidents?
試訳　　リンカーンはアメリカの歴代大統領の順序の中のどこに位置するか？

　この文も、よく考えれば次の訳に短縮できます。

修正訳　リンカーンはアメリカの何番目（何代目）の大統領か？

　英語の序数（1 番目、2 番目などのように順序を表すことば）には「何番目か？」という質問形がないため、上のように少々回りくどい言い方をする必要があるのですが、日本語には簡潔な表現が存在します。
　次は少々複雑な例を考察します。

例文 6〔Although alchemists spent centuries doing what they thought was wasted effort, it led to many discoveries later unbeknownst to them.〕
参考訳　錬金術師達は何世紀にもわたって無駄骨を折ってきたと思っていたが、その成果は、後になって図らずも多くの発見につながった。

原文　　This is another example of things that go wrong bringing about an unexpected good.

試訳 A　これは、うまくいかない事柄が予期せぬ善をもたらす結果になることの、もう 1 つの例である。

　この無生物主語 things that go wrong（無生物主語については第Ⅱ部：第 2 章「無生物主語」を参照）をうまく処理すると、次のようになります。

試訳 B　<u>うまくいかない事柄から予期せぬ善が生まれる</u>ことのもう 1 つの例である。

　ここでもうひとふんばりしたいのは、「うまくいかない事柄」です。この文脈からすれば、思い切って「失敗」と短縮して差し支えないと思いませんか。要するに失敗は成功のもと、という考えと似たことを言っている文ですから、次の訳を練り出すことができます。

修正訳　この事実もまた、<u>失敗から予期せぬ成功が生まれる</u>ことの一例である。

　こうして短縮すればすっきりした文ができる上、日本人読者にとってわかりやすい表現を使って原文の意味を伝えることができます。

3　乱用は禁物

　ただし、補足と短縮は乱用しないようにしてください。この 2 つの機能はあくまでも意味が正確にわかりやすく伝わるようにするための道具ですから、この道具を使わなくても済むのなら、それでいいのです。無理に使う必要はありません。そもそも翻訳者の使命は原著者のメッセージの意味をできるだけ忠実に、わかりやすく、かつ過不足なく読者に伝えることですから、翻訳者の個人的な好みや都合によって、不必要に語句を追加・削除することは御法度です。次の例を考えてください。

例文 7

原文　President Biden's health care reform plan was put on hold.

試訳　バイデン大統領が多大なる努力を注ぎ込んだヘルスケア改革計画
　　　に、待ったがかかった。

　上の訳をどう思いますか。この訳者は読者にこの計画がどのようなもので
あるかを少し説明しようと思って下線部を補足したのでしょうが、これは原
文にまったくない意味であり、また訳者の個人的感情が入っていると言われ
ても仕方がありません。というのは、この訳者がバイデン大統領に対して良
い印象を持っていなかったら「多大なる努力」などという言い方は多分しな
かっただろうからです。

修正訳　バイデン大統領のヘルスケア改革計画に待ったがかかった。

　翻訳者は透明であるべきです。ただ、透明と言っても創造力を使うなとい
うことではありません。反対に、創造力のない翻訳者は良い翻訳者とは言え
ません。問題は創造力の使いどころです。翻訳における創造力とは、原文に
ない意味を考え出して（翻訳者個人の意見を投影して）追加したり、勝手に
原文の一部を削除したりして訳す力ではなく、原文に忠実で自然、かつ読者
を考慮した表現を探す力です。

第**8**章

日本語構文の操作技巧

Chapter 8
Syntactic Maneuvers in Japanese Writing

　英文解釈が正確にできても、作成した日本語の意味が曖昧であったり、わかりにくかったりしたら、せっかく苦労して作ったケーキを誤って床に落として台無しにしてしまうのと同じです。文の流れをいかに自然でわかりやすく、簡潔なものにするかは、プロの命にかかわる課題です。日本語の文を書く練習を積み上げていくことで文体は磨かれていくものですが、意識的に文体に気を配ることも非常に重要です。文をスムーズにするためのヒントをいくつか以下に紹介します。

1　修飾表現と被修飾語はできるだけ近づける

　「3月9日に」「田中さんは」「大学院を」「卒業した」というように、「名詞＋助詞」、および文末に「動詞」というユニットの組み合わせで構成されているのが日本語文の大きな特徴です。文中の各ユニットの順序はかなり自由ですが、場合によってはユニットの配置が悪いために文の意味が曖昧になったり、わかりにくくなったりすることがあります。次の例文はその良い例です。なお、本章に現れる矢印は、修飾表現が始点、その表現がかかる被修飾表現が終点となっています。

例文 1

原文　　先月、田中経理部長にある大手会社の社長が外車に乗って訪ねて
　　　　きた。

　上の文は一見問題なく見えますが、読んで理解しようとすると少々ひっか
かります。まず、間違って「田中経理部長にある」と続けて読んでしまう
と、意味が取れないことに気がつきましたか。「田中経理部長に」というユ
ニットは「訪ねてきた」という動詞にかかっていますから、この両者の距離
を短くすることによって意味が明確になります。ただし「田中経理部長に訪
ねてきた」とは言いませんから「田中経理部長を訪ねてきた」に換えます。
直すと下のようになります。

修正文　　先月、ある大手会社の社長が外車に乗って田中経理部長を 訪ねて
　　　　きた。

　次に、下の文は、ある企業においてセクハラや男女差別が問題となったこ
とを想定しています。

例文 2

原文　　大手商社の元女性社員が昇進で差別を受けたとし、会社を相手取っ
　　　　て提訴した。

　「元女性社員」という表現において「元」と「女性」が隣り合わせになっ
ているため、まるで「元」が「女性」を修飾しているように見えます。以前
は女性であったが今は男性？というつむじ曲がりの解釈も可能になってしま
います。下の修正訳が適切です。

修正文　　大手商社の元社員の女性（または「女性の元社員」）が昇進で差別
　　　　を受けたとし、会社を相手取って提訴した。

　次は、もう少し大きな移動作業が必要になる例です。

例文3［計算プログラム］
原文　　This default process enables the system to total all the rows you have
　　　　entered without user interaction.
試訳　　このデフォルトプロセスによって、ユーザの手を介することなく、
　　　　入力した行がすべて自動的に合計されます。

　原文の無生物主語を下線部の副詞句にしたところまではよかったのです
が、この副詞節とそれが修飾する動詞（「合計されます」）の間に他の語句が
入って両者間の距離が長くなり、結果的にはこの両者の修飾関係がわかりづ
らくなっています。この例では、次のように下線部の副詞句を被修飾語の動
詞に近づけるため、文の後方に持っていきます。「入力した行」という主語
を頭に持ってくると、次の訳ができます。

修正訳　　入力した行は、ユーザの手を介することなく、このデフォルトプロ
　　　　　セスによってすべて自動的に合計されます。

2　名詞を修飾する形容表現の数とタイプを絞る

　形容表現は単独で、または組み合わさって名詞を修飾しますが、ここで注
意が必要なのは、組み合わせの種類と順序です。日本語で基本的に許容され
るタイプを次の表に示します。ここでは「家」という名詞を修飾する表現の
組み合わせを例として挙げました。

表20：日本語の名詞句を修飾する形容表現のタイプ（許容例）

形容表現のタイプ	例
《形容表現が1つ》	
［形容詞］名詞	［静かな］家 ［レンガの］家
［形容詞節］名詞	［父が昨日買った］家 ［雨漏りのする］家
《形容表現が2つ》	
［形容詞］［形容詞］名詞	［静かな］［赤い］家 ［隣町の］［レンガの］家 ［レンガ造りの］［静かな］家
［形容詞節］［形容詞］名詞	［父が昨日買った］［静かな］家 ［父が昨日買った］［レンガの］家

　以上の組み合わせタイプは、自然で無理がない感じがします。ところが、次の組み合わせタイプを使うとどうでしょうか。

表21：日本語の名詞句を修飾する形容表現のタイプ（拒否例）

形容表現のタイプ	例
《形容表現が2つ》	
［形容詞］［形容詞節］名詞	［静かな］［父が昨日買った］家
［形容詞節］［形容詞節］名詞	［父が昨日買った］［雨漏りのする］家

　表21の2つの例は、口語では頻繁に起きるかもしれませんが、翻訳で使う文章語としてはぎこちない感じがします。

　その上、「［形容詞］［形容詞節］名詞」の例では、静かであるのが「父」なのか「家」なのかが曖昧になっています。文脈から判断できると言えばそれまでですが、その場合は読者が判断するわけですから、読者に余分な負担がかかることになります。なるべく読者の負担を軽減できるように、つまり意味を明瞭に把握できるように訳すのが翻訳者の使命です。この場合、家が静かであるのなら「静かな」と「父が昨日買った」の順序を逆にし、また父が静かであるのなら、文脈に沿って「…その静かな父が昨日買った家」などとすれば、問題は解決します。

　また、「［形容詞節］［形容詞節］名詞」のタイプでは、「父が昨日買った」

と「雨漏りのする」の接続がぎこちなくて、いかにも幼稚な響きがあります。このタイプの名詞修飾は、ともすると長くなりがちで、長くなれば長くなるほど読みにくく、また意味がわかりにくくなります。次の文は、このタイプを使った文の一例です。

例文4

原文　　昨日父が隣町の<u>不動産屋を通して買った</u> <u>雨漏りのする</u> 家 は、とても住みにくい。

　もちろん、このような組み合わせは避けましょう。こうして、簡潔で意味のわかりやすい組み合わせタイプを調べると、次の2つのことがわかります。

1. 名詞を修飾する<u>形容詞節</u>（節は動詞を含む）は2つ続けられない。
2. 形容詞を形容詞節と組み合わせるときは、形容詞節を形容詞の前に持ってくる（長い形容表現を前に持ってくる）べきである。

　上の例文4を読みやすくすると、次のようになります。

修正文　　昨日父が隣町の<u>不動産屋を通して買った</u> 家 は、雨漏りがしてとても住みにくい。

3　修飾表現を文にする

　修飾表現を文に変換するということは、たとえば「花びらが厚くて赤い花」と言う代わりに「その花は花びらが厚くて赤い」として、名詞の属性を表す形容詞を、その名詞の前でなく、後（述部）に持っていくことです。次の例で考えてみましょう。

例文 5 ［水道局からのニュースレター］

原文　If you are concerned about <u>elevated lead levels</u> in your home's water, you may wish to have your water tested.

試訳　ご家庭の水道水に含まれる<u>多くなった鉛の量</u>が気になる方は、水質検査を依頼することができます。

　やはり下線部の elevated lead levels（形容詞＋名詞）の訳が気になります。elevate を述語とする文に変換してみると、次の自然な訳ができます。

修正訳　ご家庭の水道水に含まれる<u>鉛の量が多くなっている</u>のではと気になる方は、テストを依頼できます。

　もう 1 つ例を挙げます。

例文 6

原文　We provide you with <u>pre-defined document formats</u> in your word processor.

試訳　このワードプロセッサには、<u>あらかじめ定義された文書の書式</u>が提供されています。

　「pre-define された document の format」という名詞句の代わりに、「document の format が pre-define されている」という文に置き換えれば、次の修正訳ができます。

修正訳　このワードプロセッサでは、<u>文書の書式があらかじめ定義されています</u>。

　上の例文 5 と 6 は、言ってみれば第 II 部：第 3 章「名詞句」で説明している「名詞句の中に動詞を見る」技術に似ています。

4 テニヲハを正しく使う

　テニヲハのミスは非常に気づきにくいため、注意が必要です。下に例を挙げます。

例文 7
原文　　パーティーで会った人を一目惚れして家まで追いかけて行った。

　上の原文では、「パーティーで会った人を追いかけた」という構文につられて「パーティーで会った人を…」になってしまったのでしょうが、正しい日本語は下記の通りです。

修正文　パーティーで会った人に一目惚れして家まで追いかけて行った。

例文 8
原文　　この講座を登録したい方は、説明会の後で事務室までおいでください。

　この文は、下記が正しい日本語です。

修正文　この講座に登録したい方は、説明会の後で事務室までおいでください。

　この他にも、細かく気を配っていないと見過ごしそうな助詞（テニヲハ）の間違いは沢山見つかりそうです。

5 曖昧性を極力少なくする

　第II部：第 1 章「翻訳理論」の「2　翻訳における表層構造と深層構造」で触れた通り、深層構造を 2 つ、表層構造を 1 つ持っているある文は、意味が 2 通りに取れる文、つまり意味の曖昧な文になります。読者が一読して理

解できる文を書くのが翻訳者の役割ですから、意味の曖昧な文は、いわば翻訳者の敵です。誰でも、特に急いで翻訳作業をしていると、知らず知らずのうちに意味の曖昧な文を書いてしまうことがあります。ですから推敲の時点で曖昧さに注目することが重要です。

　簡単な例で言えば、「漱石の本」という表現は「漱石が著作した本」（属性、attributive）、「漱石が所有していた本」（所有格、genitive）、「漱石に関する本」（主題、thematic）という 3 通りの解釈ができます。文脈から推定して曖昧さを解消することもできますが、これも読者の頭の負担の一部になるので、できれば曖昧さがない表現を用いたいものです。前述の具体的表現を使って翻訳することをお勧めします。

　その昔、西郷輝彦さんが歌った『友達の恋人』というタイトルの歌がありました。まだ歌の内容も知らないときにそのタイトルを耳にした私は、この表現の意味は「私の友達である恋人」（友達＝恋人、copula）、つまり私の友達は私の恋人でもあるというふうに解釈していました。ところが、歌を聴いてみたら、本当の意味は「私の友達が持っている恋人」（所有格、genitive）であり、その人に私が恋してしまったという内容でした。この場合は、曖昧さを解消するために、タイトルをまさか「友達の持っている恋人」に変えてくれとは言えませんが、これが翻訳対象の文章内のことであれば、少々工夫が必要だったかもしれません。

6 並列表現の形を揃える

　並列表現というのは、複数の項目が同格的に羅列されている表現のことです。たとえば「木や花や鳥を楽しむ」という表現の中では、「木」「花」「鳥」がそれぞれ同じ重さで並んでいます。このような純名詞が並列されている場合は単純ですが、次の場合はどうでしょうか。

例文 9

原文　　このプロジェクトを成功させるには、経費、人員が何人確保できるか、および期間をまずはっきり確認する必要があります。

　ここでは、プロジェクトを成功させるために確認する項目として「経費」「人員が何人確保できるか」「期間」の３つが並列して置かれていますが、読んでみて少々ぎこちない感じがしませんか。原則的に言って、並列語句は同じ品詞、または同じ構文にする（parallelism）とすっきりします。この場合の解決方法は２つあります。１つ目は並列語句をすべて名詞にする方法。この方法を使うと次のようになります。

修正文Ａ　このプロジェクトを成功させるには、<u>経費</u>、<u>人員数</u>、および<u>期間</u>をまずはっきり確認する必要があります。

　２つ目は「人員が何人確保できるか」という修飾節に合わせて、残りの２項目も節の形に変える方法です。この方法を使うと次のようになります。

修正文Ｂ　このプロジェクトを成功させるには、<u>経費がどのくらいかかるか</u>、<u>人員が何人確保できるか</u>、および<u>どのくらいの期間がかかるか</u>をまずはっきり確認する必要があります。

　これで整理整頓した文ができあがりました。それでは、次の文はどうでしょうか。

例文10
原文　　番号の消えたり、漱石像が右側に片寄ったりした千円札が続出するなど、ご難続きの新札である。

　上の文の問題が何なのかわかりますか。この文では「千円札」という名詞にかかる修飾節が２つ並列されています。つまり「番号の消えた」千円札、そして「漱石像が右側に片寄った」千円札の２つです。ところが、この２つの節の中を見ると、主格がそれぞれ「（番号）の」、「（漱石像）が」で表されており、揃っていません。この場合は「が」で揃えて次のようにします。

修正文　番号が消えたり、漱石像が右側に片寄ったりした千円札が続出する
　　　　など、ご難続きの新札である。

　名詞を修飾する従属節が 1 つの場合は、その中の主格を「の」を使って表
すことができます。ところが同じ名詞を修飾する従属節が 2 つ以上続くとき
は「が」しか使えません。上の文では、「番号の消えた千円札」または「漱
石像の右側に片寄った千円札」（従属節がそれぞれ単独で「千円札」という
名詞を修飾している）と別々の節として言うことはできますが、この 2 つの
修飾節を並列させて「番号の消えたり、漱石像の右側に片寄った千円札」（2
つの従属節が同じ文の中で名詞を修飾している）とは言えません。

7　条件節を簡素化する

　文が複雑になると、同じ文の中で同じものを 2 回以上指す場合が出てきま
す。英語では this、that、these、those などの代名詞を使って同じ表現の繰
り返しを避けることができますが、これをそのまま日本語で「これら」「そ
れら」とすると不自然になりがちです。このような代名詞を訳すときは、そ
の代名詞が指す普通名詞または固有名詞を使う（本章後掲の「具体的な表現
を使う」を参照）か、または数がわかっているときは「この 2 つの〜」など
とすることができます。ところがこういった方法では解決できないこともあ
ります。たとえば次の文です。

例文 11　［From a manual for a human resources software application］
原文　　If you have manually added additional Rate Codes, the system
　　　　preserves these codes and includes them in the new compensation
　　　　package for the employee.
試訳　　手作業でレートコードを追加した場合、これらのコードは自動的に
　　　　保存されて社員の新しい給与パッケージに追加されます。

　「これら」の指す内容を使って「手作業で追加したレートコード」と訳す
と、繰り返しがくどくなります。また、このようなレートコードがいくつあ

るのかが提示されていないし、数が重要であるわけでもないため、数を使って「これらの」を避けることはできません。このような場合は、if you have という条件節を簡素化することを考えます。具体的には、この節を圧縮して名詞句にしてしまいます（これを体言化と言います）。この作業を公式のように表すと次のようになります。

　　　　「N を V[15] すると（した場合）、N は〜する」→「V した N は〜する」

　この「体言化の公式」を使って例文 11 の原文を訳し直すと、次のようになります。

修正訳　手作業で追加したレートコードは、自動的に保存されて社員の新しい給与パッケージに追加されます。

　こうすれば同じ名詞句を繰り返す必要がなくなり、訳文が簡潔になります。次の例でも条件節が圧縮されて簡潔な文になっています。

例文 12 ［A logistics application］
原文　　Once the unit of measure is converted, if a price adjustment has already specified a unit of measure, that unit of measure is used only if it is the same as the converted unit of measure.
試訳　　単位が変換されると、価格調整で単位がすでに指定されている場合、その単位は変換後の単位と同じであるときだけに使われます。
修正訳　単位が変換されると、価格調整ですでに指定されている単位は、変換後の単位と同じであるときだけに使われます。

　また、if がなくても、次の例文のように条件の意味を持つ名詞句にもこの公式を応用できます。

15　N ＝名詞、V ＝動詞

例文 13 ［A computer manual］

原文　Deleting a process completely removes it from the Process Monitor.

試訳　<u>プロセスを削除すると、そのプロセスは</u>プロセスモニタから完全に
　　　消去されます。

修正訳　<u>削除したプロセスは、</u>プロセスモニタから完全に消去されます。

　例文 13 では deleting a process（= if you delete a process）という名詞句に
条件の意味が含まれています。

　さらに、条件節としては if 節のほかに as long as という表現も使われます。

例文 14

原文　You can update several processes at once <u>as long as they all have</u>
　　　<u>compatible statuses</u>.

試訳　<u>複数のプロセスが一緒に処理できるステータスを持っていれば、そ</u>
　　　<u>れらのプロセスを</u>同時に更新できます。

修正訳　<u>一緒に処理できるステータスを持つプロセスは、複数を</u>同時に更新
　　　できます。

　次の例文 15 は once the project has been approved という条件の意味を持つ
節が使われている例です。

例文 15

原文　<u>Once the project has been approved</u>, it is automatically assigned to a
　　　project team.

試訳　<u>プロジェクトの許可が下りたら、そのプロジェクトは</u>自動的にプロ
　　　ジェクト・チームに割り当てられます。

修正訳　<u>許可が下りたプロジェクトは、</u>自動的にプロジェクト・チームに割
　　　り当てられます。

8 原文を解体して再編成する

　順行訳において文中で切る場所を変えたり、修飾表現を訳す順序を変えたりして、訳をスムーズにすることもできます。

例文 16

原文　　Sophisticated tools are needed to store data in a single database that enables you to perform efficient analysis.

　まず、that enables you to perform efficient analysis の前でいったん文を切った上、to store data in a single database の部分は、目的を表す純粋な to 不定詞として訳してみます。

試訳　　データを単一のデータベースに<u>格納するには</u>、高度なツールが必要です。このデータベースを使うと、データを効率よく分析できます。

　that enables you ... の前で切って順行で訳したわけですが、その結果、切った後の部分と前の部分のつながりがぎこちなくなっています。忘れていて後から付け加えたという感じがしませんか。
　この原文の主旨は「高度なツールが必要である」ということです。何をするのに高度なツールが必要かと言うと、単一のデータベースにデータを格納するためです。文は、データを格納したそのデータベースを使うと効率よく分析できると続きます。この原文の場合は、「格納する」と「分析する」という動作を思い切って並列させて訳すと、意味を変えずに、下のように読みやすい訳ができます。

修正訳　データを単一のデータベースに格納して効率よく分析するには、高度なツールが必要です。

　要するに、原文通りの順序で訳すと不自然な日本語になることがよくあるため、意味が変わらない範囲で順序を変えるという工夫も時には必要になる

ということです。

　今度は、正しくない日本語を正しく読みやすくするケースを考察します。

例文 17

原文　　X 社と Y 社については、交渉の窓口については双方の社長室があ
　　　　たることが決まっている。

この原文には問題が 3 つあります。

1. 助詞「は」が 2 回続けて使われていて読みにくいこと
2. 「誰が何をする」という主述関係が明確に表現されていないこと
3. 「あたる」という動詞の使い方がおかしいこと

「あたる」という動詞は何らかの作業におもむく、という意味で、普通
「～（何らかの動作）にあたる」という形で使われます。たとえば、「問題の
解決にあたる」とか「資源の開発にあたる」と言います。ところが、上の文
では、その動作に該当する名詞（動作だから純名詞ではなく動詞にもなり得
る名詞）が見当たりません。文脈から推測すると、双方の社長室が「交渉
（するという作業）」にあたるのでしょうが、そこの関係がはっきりしていま
せん。誰が何をするという基本構文をはっきり表して書き直すと、次の簡潔
な訳文ができます。

修正文　X、Y の両社では、双方の社長室が交渉にあたることが決まっている。

　時には原文を 2 つの文に分けて意味を把握しやすくすることも必要です。

例文 18

原文　　The committee scheduled its required public hearings on the new
　　　　proposal with little public notice.
試訳 A　委員会は、新規提案についての義務付けられた公聴会を、ほとんど
　　　　公示せずに計画した。

231

　上の訳は直訳的で不自然です。public hearings のところでいったん文を切って訳してみると、次のようになります。

試訳 B　委員会は、義務付けられた公聴会を計画した。その公聴会は新規提案についてのものであったが、ほとんど公示されなかった。

　文を分けたことにより、一応読みやすくなりました。ただし、「その公聴会は新規提案についてのものであったが」の部分が気になります。文を分けた結果、少々冗長になっているわけです。

　さらに、上の訳では最初の文と 2 番目の文が同じ比重（重要性）をもっているため、委員会が公聴会についてほとんど公示しなかったという原文の主旨のインパクトが少々弱くなっています。これも解決する必要があります。

　第Ⅱ部：第 1 章「翻訳理論」に、表層構造（文法構造）は、深層構造（意味）が同じであれば変えてもいいというルールがありました。そこで、原文の主旨を変えないように注意しながら原文を解体し、日本語に訳しやすいように組み直すという作業をしてみます。この文は意味的には、次の 2 つの文から成っていると考えることができます。

解体後 A　The committee was required to schedule public hearings on the new proposal.

解体後 B　The committee gave little public notice about the hearings.

　つまり、この文の深層構造には上の 2 文があると考えられます。最初の文の最後に逆接の助詞「が」を付けて次のように日本語に訳せば、主旨もはっきり浮きでて滑らかな訳文になります。

修正訳　委員会は新規提案についての公聴会を計画することが<u>義務付けられていた</u>が、計画した公聴会についてほとんど公示しなかった。

　このように、翻訳では文を解体して組み直すという作業も時には必要です。この解体作業は難しく思えるかもしれませんが、その文の伝えるメッ

セージを自然な日本語で表現するには必要不可欠な作業です。

9 文型を変える

　原文が感嘆文、肯定文、疑問文、否定疑問文など、どの文型であっても、日本語もそれに合わせて同じ文型にしなくてはならないということは決してありません。日本語では意味を変えずに自然な形にするために、文型を変えることも考える必要があります。

例文 19
原文　　What a gorgeous party that was!
試訳　　なんと豪華なパーティーだったのでしょう！

　原文は確かに感嘆文ですが、感嘆文であることを忠実に示そうとして、この試訳のようにお決まりの「定型感嘆文」を使うと、あたかもシンデレラが王子様のパーティーから帰るときに言ったことばみたいに聞こえませんか。この場合は次の修正訳のように平叙文にする方が自然です。

修正訳　とても豪華なパーティーだった。

　次の例文 20 にある 2 つの文はどちらも疑問文ですが、それに対する訳例では、疑問を表す「〜か」を使った名詞句を含む平叙文になっていることに注目してください。

例文 20 〔Business report: Researchers conducted this study partly to determine
　　　　what skill sets are important for success in venture capital.〕
原文　　Would we find that quantitative financial skills were most important?
　　　　Or would we find out that skills related to the assessment and
　　　　development of the human capital of the management team were most
　　　　important for success?
訳例　　成功するのに最も重要なのは財務関係の数量的スキルなのか、または

　　　　経営陣の人的資源を評価・養成するスキルなのかという問題である。

こうすると、疑問文のままで訳すより自然な響きが出てきます。

10　具体的な表現を使う

　this や that などの英語の代名詞をそのまま「これ」「それ」と訳すと、その内容が曖昧になったり、舌足らずの感が出たりすることがあります。

例文 21 ［ソフトウェア操作手順］

原文　　To expand your database, follow these procedures:

　　　　1. Back up your database.

　　　　This step is optional, although we highly recommend it. This way you can recover your database if you experience any database integrity problems during the steps to follow.

　上記の文はデータベース拡張の手順説明の冒頭部分ですが、下線の This way に注目してください。そのまま訳すと次のようになります。

試訳　　データベースを拡張するには、次の手順に従ってください。

　　　　1.　データベースをバックアップします。

　　　　このステップはオプションですが、できるだけ実行してください。これを行っておけば、これ以降の作業の途中でデータベースに整合性の問題が起きても修復できます。

　この場合「これ」が「バックアップすること」であることは推察できますが、「これ」が指す内容が少々離れているため、意味を即座に把握できない恐れがあります。わざと「バックアップする」ということばを重複させて次の訳にすれば、意味はすぐわかります。

修正訳　データベースを拡張するには、次の手順に従ってください。

　　　1.　データベースをバックアップします。

　　このステップはオプションですが、できるだけ実行してください。
　　バックアップしておけば、これ以降の作業の途中でデータベースに
　　整合性の問題が起きても修復できます。

　類似例を下に挙げます。

例文 22　［SecuSafe というサイバーセキュリティ・ソフトの説明］

原文　　Because security in SecuSafe comes in three different types, it is
　　　　important that you understand the differences between the kinds of
　　　　security available to you. This will enable you to determine which form
　　　　of security best meets your needs.

試訳　　SecuSafe にはセキュリティが 3 種類あるので、各セキュリティ・
　　　　タイプの違いを理解することが重要です。これによって、会社の
　　　　ニーズに最も適したセキュリティ形式を選択できます。

修正訳　SecuSafe にはセキュリティが 3 種類あるので、各セキュリティ・
　　　　タイプの違いを理解することが重要です。この違いを把握すれば、
　　　　会社のニーズに最も適したセキュリティ形式を選択できます。

　例文 22 の原文の下線部 This は、「3 種類あるセキュリティの違いを理解
すること」を指しています。そのまま「これによって」と訳しても決して誤
訳ではありません。また、「これ」の指す内容は直前の文から推察できま
す。が、日本語文としては、その内容を具体的に示した方が自然で、何か胸
がスーっとしませんか。

付録

Appendices

産業翻訳における日本語表現のルール

Appendix 1
Rules of Japanese Expressions
in Business Translation

1 敬語表現

　日本語の産業文書では、適度な敬語を上手に使うことが大切です。敬語を使わなければ相手に失礼になるし、使い方を間違えれば相手に不快感を与えるからです。こちらのものの書き方が相手の取引関係の決断に影響することもあります。

　尊敬語、謙譲語、丁寧語の3種類の敬語は、筆者、読者、および話題となる人物・事柄（第三者）の間の関係に従って使い分けます。同時に、翻訳の世界では、文書の種類や業界によって敬語の使い方が異なります。ここでは、大まかな指針を紹介します。

　下の表は、翻訳の対象となる主だった文書の種類をリストし、それに一般的に伴う敬語の使い方を示しています。

表 22：産業文書の種類と敬語表現

文 書 の 種 類	敬語の種類・レベル
1.　学術論文	基本は「デアル」調。
2.　特許	
3.　契約書	
4.　マニュアル類の本文	基本は「デスマス」調。 尊敬語、謙譲語は使わない。
5.　プレゼンテーション 　　社外用レポート	基本は「デスマス」調。 尊敬語、謙譲語も使う。
6.　品質保証書	上の 5. より尊敬・謙譲レベルが高い敬語を使う。
7.　消費者向けパンフレット類	
8.　マニュアル類冒頭の挨拶部分	
9.　顧客・他企業向け通信文	

　次に、上に挙げた 9 種類の文書の翻訳における敬語の使用について、少々詳しく紹介します。

1.1　学術論文の敬語

　学術論文は通常、日本の通例に従って「デアル」調で訳します。以下は、ある医学学会に提出された論文の要旨の一部です。

例文 1

原文　A survey of care managers was conducted to identify top priority issues in promoting the management and guidance of home-based convalescence by a nurse.

訳例　ケアマネージャーを対象に調査を実施し、看護師が居宅訪問し、ケアを管理指導することを推進する際の重点課題を探った。

1.2　特許の敬語

　特許出願書は非常に技術性の高い文書です。通常、「デアル」調で訳します。以下は、ある特許出願書の冒頭部です。

例文2

原文　Crystalline aminophenols possess the superior property of resisting coloration over time even when stored in the air. A method for purifying crystalline aminophenols is offered.

訳例　本特許は、空気中に保存しても、経時的に着色しにくいという点で優れた効果を有する結晶性アミノフェノール類の精製方法を提供する。

1.3　契約書の敬語

　契約書も、通常、日本の通例に従って「デアル」調で訳します。以下は、貸付契約の一部です。

例文3

原文　If the unpaid balance hereof[16] is not received by Holder on the Maturity Date, such amount shall bear interest at the applicable interest rate set forth in Section 1 above plus three percent (3%) per annum from such date until paid in full.

訳例　貸付人が本貸付金の未払い残高を満期日、または弁済繰上げ期日（以下に定義）に受け取らなかった場合は、未払い残高に対し、上記の第1条で規定されている適用金利に年利3パーセント（3%）を加算した利子が、満期日より全額返済が完了した日まで課せられるものとする。

16　hereof = of or concerning this. この場合の this は、貸した金額を指しています。

1.4　マニュアル類の本文の敬語

　商品のマニュアル（使用説明書）類では、通常、購入に関して消費者に感謝する旨の挨拶文が冒頭にあり、次にそのマニュアルの構成や使い方などを説明したセクションがあります。それに続いて、該当商品の使い方を順序立てて説明する本文に入ります。この本文のセクションはユーザ、つまりお客様を相手にしているので敬語を使いますが、尊敬語と謙譲語のオンパレードでは、くどくなってしまいます。基本的には丁寧語のみを使います。以下の例で確認してください。

例文 4

原文　　In this section, we discuss how to set up your base part. It is the same no matter which product you use.

試訳　　このセクションでは、基底部の設置について説明<u>いたします</u>。どの製品を<u>使っていただいている</u>場合も、設置方法は同じで<u>ございます</u>。

修正訳　このセクションでは、基底部の設置について説明<u>します</u>。どの製品を<u>使っている</u>場合も設置方法は同じ<u>です</u>。

例文 5

原文　　We recommend that you read the text here carefully and then review the entire setup procedure.

試訳　　テキストを熟読<u>され</u>、設置手順を全部<u>お読みになって</u>ください。

修正訳　テキストを熟読<u>して</u>、設置手順を全部<u>読んで</u>ください。

1.5　従属節の動詞

　1 つの文の中に節（主語と動詞がペアになっているユニット）が複数ある場合、文の主旨ではない従属的な意味を含む節を従属節と呼びます。従属節の動詞は「デアル」調にします。このルールは、丁寧語だけを使うマニュアルの本文、プレゼンテーション、およびビジネスレポート（「表 22：産業文書の種類と敬語表現」の中の 4 と 5）に適用します。次の例で確認してください。

例文 6

原文　Security Views is a customization, and as such you should follow standard customization procedures.

試訳　セキュリティビューはカスタマイズ機能<u>ですので</u>、カスタマイズの標準手順に従ってください。

修正訳　セキュリティビューはカスタマイズ機能<u>であるため</u>、カスタマイズの標準手順に従ってください。

1.6　接続詞「が」

　その一方、「が」という助詞で接続されている 2 つの文はどちらも独立した文（主文、主節）であるため、それぞれの動詞に「デスマス」調を使います。このルールは、「表 22：産業文書の種類と敬語表現」の中の 4 〜 9 に適用します。

例文 7

原文　When you add an employee address, the SetID field is turned on, whereas the Phone field is turned off.

試訳　従業員住所を追加する場合、［セット ID］フィールドはオンに<u>なっているが</u>、［電話］フィールドはオフになっています。

修正訳　従業員住所を追加する場合、［セット ID］フィールドはオンに<u>なっていますが</u>、［電話］フィールドはオフになっています。

2　冗長表現を簡潔表現に変換する

　そもそも産業翻訳の書き方の基礎は「簡潔にわかりやすく」です。原文が長くて複雑なため、訳文がどうしても長くならざるを得ない場合もあります。それでも、訳文、訳語は、読者が読みやすく、意味を取りやすいように、できる限り短くする努力が必要です。

　次の表の各項目は、産業翻訳において、冗長表現を簡潔表現に変換する際の参考として使ってください。

表 23：産業翻訳の冗長表現と簡潔表現

冗長表現		簡潔表現
・〜が起こります。 例：新製品の開発が起こります。	→	・〜されます。 例：新製品が開発されます。
・〜が行われます。 例：データの変更が行われます。	→	・〜されます。 例：データが更新されます。
・〜がなされます。 例：予定の設定がなされます。	→	・〜されます。 例：予定が設定されます。
・〜がもたらされます。 例：今世紀に DNA の利用がもたらされました。	→	・〜されるようになります。 例：今世紀に DNA が利用されるようになりました。

・〜するためには 例：時刻を確認するためには	→	・〜するには 例：時刻を確認するには
・〜する場合には、〜する時には	→	・〜する場合は、〜する時は

・次のような、以下のような	→	・次の、以下の ［後続する項目がはっきり決まっている場合］

・〜したい場合 　［If you want to ... の訳として］	→	・〜する場合 　［意味が不明確にならない限り「〜する」を使う］

3　産業翻訳で避けるべき表現

　産業翻訳の日本語スタイルは、物語や啓蒙書とは異なる場合があります。次の表には、産業翻訳で一般的に使用を避ける傾向にある表現が列挙されています。

表24：産業翻訳で避けるべき表現

避けるべき表現	説 明 と 代 替 表 現
〜いっぱいに	口語的。「全体に」「全部に」を使う。
〜けれど（も）	口語的。「だが」「ですが」を使う。
どんどん	口語的。「すばやく」「迅速に」などを使う。
そして	どうしても使わなければならないときは、文脈に応じて「また」「および」などを使う。
すると （自立接続詞）	自立接続詞は、それだけで品詞として独立して使われる接続詞。これに対して、「開閉すると」「起動すると」などに含まれる「〜すると」は動詞の活用形の一部。「赤頭巾ちゃんは森の中を歩いていました。すると、お腹をすかせた狼が現れました」という童話の類に出てくる表現が、自立接続詞としての「すると」で、これが産業翻訳で使用を避けるべき表現。処理方法として次の3種類がある。 1. 接続詞を使わずに済ませる。 2. 動詞の活用形の一部の「〜すると」を使う。 3. 何らかの接続詞があった方がよい場合は「この結果」「その結果」など、ビジネス関連文書に適した表現を使う。
それから	口語的。「次に」「続いて」などを使う。
だんぜん	口語的。「非常に」「かなり」などを使う。
ところが、しかし、しかしながら	however や but を訳す場合、意味に支障がなければ省略する。「ところが」はやや文芸的、「しかしながら」は昔風で冗長。意味の明確さを保つ上で必要な場合は「ただ」「ただし」を使う。
そこで（理由・原因）	「そのため」「このため」を使う。
どんな	口語的。「どのような」を使う。
ちょっと	口語的。「少し」「少々」を使う。
ぴったり	口語的。「ちょうど」を使う。
もし（も）（条件節）	なくても意味が十分通じる場合がほとんど。
よけいな	口語的。「不要な」「余分な」を使う。
だから、よって	「だから」は口語的、「よって」は文語的。 「したがって」（ひらがな表記）を使う。
〜よりも（比較表現）	「〜より」を使う。
これら、それら あれら（複数代名詞）	その複数代名詞が指す普通名詞または固有名詞を使う。数がわかっているときは、その数を使う（第Ⅳ部：第8章「7 条件節を簡素化する」を参照）。

4 主語・主題を示す「は」

　1 つの文で使う助詞の「は」は原則的に 1 個が適切です。同じ文の中で 2 回目に「は」を使いたい場合は、その代わりに「が」を使えないかと考えます。また、同じ文の中で 3 つの「は」は禁物です。

例文 8

原文	The Process Monitor does not automatically refresh when your system is running in Windows single-user mode.
試訳	システムが Windows のシングルユーザモードで作動している場合は、プロセスモニタは自動的にリフレッシュされません。
修正訳	システムが Windows のシングルユーザモードで作動している場合、プロセスモニタは自動的にリフレッシュされません。

5 推奨に関するマニュアル本文の表現

　下の表は推奨事項を示す表現のリストです。特にこの英語表現がこの日本語表現と対応しているというルールはありません。あくまでも相対的です。

表 25：推奨に関するマニュアル本文の表現

推奨の表現	説明と日本語の表現方法
・You must ...	推奨表現の中では最も推奨の度合が高い。 「絶対に〜してください」 「必ず〜してください」
・You should ...	You must の次に強い推奨。 「必ず〜してください」
・You (will) need to ... ・You (will) want to ...	「必ず〜してください」 「〜することが重要です」
・We highly recommend ... ・It is highly recommended ...	「できる限り〜してください」
・It is a good idea to ...	「〜してください」 「〜すると便利です」
・We recommend ... ・It is recommended ...	「〜してください」 「〜することをお勧めします」 否定の推奨は 「できる限り〜しないでください」
・You will (probably) need to ... ・You will (probably) want to ...	やわらかい推奨表現。 「〜してください」 「〜が適しています」
・You may (might) want to ...	さらにやわらかい推奨表現。 「〜することもできます」 「〜するオプションもあります」

付録 **2**
産業翻訳に頻出する要注意単語

Appendix 2
English Terms to Watch Out for
in Business Translation

1 頻出用語：産業翻訳一般

このセクションでは、産業文書に一般的によく現れる用語をリストします。各単語とも、辞書に記載されている定型訳語は「万能語」ではないので、文脈に沿った意味の訳語を捻出する必要があります。

ここに記載する用語だけが重要というわけではありませんが、少なくとも、ビジネス頻出用語の訳し方を考える出発点として、以下に示す用語に注目してください。特に説明が必要ない場合は、例文だけを示します。

1.1 additional は「追加の」か？

例文 1

原文　Additional information about the amount of nutrients provided by blueberries can be found in the Food Rating System Chart.

訳例　ブルーベリーの栄養素の量に関する詳細情報は、食品レートシステム表に掲載されています。

「追加（の）情報」としてしまいがちですが、訳語を文脈に応じて変える必要があります。additional information と言っても、「後から付け加えた」

「追加された」という意味ではなく、ここに挙げた information をもっと知りたい方はこちらを参照してくださいという意味。

例文2［電力会社が電力市場の自由化の対応措置を述べた後の文］

原文　We have taken additional steps to bring competition to the marketplace earlier, giving our customers the chance to obtain supply options sooner.

訳例　電力の競争市場化が早く実現し、お客様の電力供給をいち早くオプション化できるよう、この他にも措置を取っています。

　例文2においても「追加（の）措置」とするのは簡単で、どうしてもそう訳してしまいたいのが「人情」ですが、それをこらえて苦心し、上の訳を練り出すのがプロです。additional steps というからには、前文節または前段落ですでに steps（の一部）が述べてあるはずです。すでに述べた steps 以外にもありますよ、というのがこの additional の意味です。

例文3

原文　In March 1998 one astronomer told the press that Asteroid XF11 would come close to the Earth in 2028 and that a collision could not be ruled out, but fortunately better calculations and additional observations quickly revealed that there is no risk of a collision.

訳例　1998年3月に、小惑星 XF11 が 2028 年に地球に接近して衝突する可能性がなきにしもあらずと、ある天文学者が記者会見で発表した。しかし、計算方法を改善し、またその後観察を続けた結果、幸い衝突の危険性はないことがすぐにわかった。

　例文3の場合は時間的に言って additional であること、つまり後のことを表す additional です。

例文4

原文　You need to determine whether you need additional data, or if the data you have is appropriate for the tasks.

訳例　　データを追加する必要があるかどうか、または現在使っているデー
　　　　タで間に合うかどうかを判断する必要があります。

　例文 4 に現れる additional がいわゆる「追加の」という意味の additional
です。ただ、「追加データが必要かどうか」とするより、上の訳例のように
「データを追加する必要があるかどうか」とする方が滑らかです。

例文 5

原文　　If you don't yet have all the information for every field, enter what you
　　　　do know — you can update the panels with additional information later.

訳例　　全フィールドに関する情報がない場合は、現時点でわかっている
　　　　データだけを入力しておき、後で情報を入手したときにパネルを更
　　　　新してください。

例文 6

原文　　Please see the notes for additional thoughts on this topic.

訳例　　このトピックに関する補足事項については、注記を参照してください。

例文 7

原文　　Reservation by phone is an additional option if you do not have access
　　　　to the Internet.

訳例　　インターネットにアクセスできない場合は、電話によるご予約も
　　　　承っております。

例文 8

原文　　Depending on your business needs, you might want to add additional
　　　　items.

訳例　　業務上のニーズがあれば、新しい項目を追加できます。

　例文 8 の原文では add additional ... という重複した表現が使われており、
良い原文だとは言えませんが、そうかと言って正直に「追加項目を追加す

る」と訳すのは考えものです。

1.2 applicable は「該当する」か？

例文 9［契約書の一部］

原文　If the late charge provided for herein exceeds the maximum late charge provided by applicable law, such late charge shall be automatically reduced to the maximum late charge permitted by applicable law.

訳例　本契約書で規定した遅延損害金が適用法（または準拠法）で規定された延滞料金の上限を超える場合、かかる料金は、適用法（または準拠法）の許容上限額に自動的に減額するものとする。

例文 10［計算ソフト］

原文　The Output parameters are not applicable to bulk change, so ignore this option.

訳例　［出力］パラメータは一括変更で使わないため、このオプションは必要ありません。

例文 11［人事管理用ソフト］

原文　Enter any other employment information applicable to the transfer.

訳例　転属に関するその他の雇用情報を入力します。

例文 12

原文　You can also enable VAT[17] processing here if it is applicable to your business.

訳例　会社で付加価値税を処理している場合は、このセクションでその処理機能をオンにすることもできます。

17　VAT = value-added tax。主にヨーロッパで商品を買うときに課される税。アメリカの sales tax や日本の消費税（consumption tax）に類似します。

1.3　appropriate は「適切な」か？

例文 13

原文　　When you select this option, the system prompts you with an edit box for the appropriate date.

訳例　　このオプションを選択すると、編集ボックスが表示されます。ここに任意の日付を入力します。

　例文 13 では「適切な（ふさわしい）」日付というものが決まっているわけではなく、システム設定の観点からすればどの日付でもよいわけです。つまり任意の日付。ユーザは「この日がいい」と思っている日付があるかもしれませんが、それはシステムの視点からすると「適切な日付」というより「任意の日付」です。

例文 14

原文　　To define process rules, enter the appropriate ID of the target account.

訳例　　処理ルールを設定するには、対象勘定科目の正しい ID を入力します。

　例文 14 の appropriate は ID 番号のことですから、まず「任意」であるはずがありません。「該当する」でも意味は通じますが、この場合、特定の勘定科目が持っている ID 番号というのは 1 つに決まっているから、その「正しい」番号というニュアンス。

例文 15

原文　　Make the appropriate changes to the text and add any new field codes you want to use in the document.

訳例　　テキストを変更し、文書で使う新しいフィールドコードを割り当てます。

　例文 15 は「適切な変更をする」が直訳ですが、これはやりたいと思っていた変更をするという意味。ここでは変更する内容がわかりきっているため（the appropriate changes）、「適切な」ということばは必要ありません。

1.4 ensure は「保証する」か？

例文 16

原文　This process leverages the tools that <u>ensure</u> consistent code editing.

訳例　このプロセスを使うと、コード編集に一貫性を<u>持たせるための</u>ツールの性能が向上します。

　例文 16 における ensure の使い方を見てわかるように、産業翻訳では ensure は「保証する」「請け合う」という意味より「〜であることを確認する」という意味で使われることが多いようです。

1.5 entire は「全部の」か？

　entire は、ユニット、団体など、まとまった 1 つのものすべての部分、という意味です。「すべての〜」「全〜」と訳すと、それ 1 つだけでなく、同類のものも全部含まれてしまう恐れがあります。「〜の全体」「〜の全部」の方が適訳です。

例文 17

原文　In an economic downturn, individual companies may come under pressure because <u>an entire</u> industry may get into trouble due to unfavorable market trends.

訳例　景気が低迷しているときは、不利な市況のために<u>1 つの産業全体</u>が苦境に陥ってしまい、個々の企業にプレッシャーがかかる恐れがある。

1.6 identify は「識別する」か？

例文 18

原文　<u>Identify</u> corporate credit cards in the fields provided.

訳例　所定フィールドに会社のクレジットカードを<u>指定します</u>。

例文 19

原文　To <u>identify</u> where data is located, choose Options.

訳例　データの収納場所を<u>確認する</u>には、［オプション］をクリックします。

例文 20

原文　You might find messages useful in identifying customers with chronic credit problems.

訳例　メッセージを使うと、常に与信問題がある顧客を見つけることができます。

例文 21

原文　The pre-defined setup is identified as Standard.

訳例　定義済み設定は「標準」という名称が付いています。

例文 22

原文　The section employees worked overtime to identify the best solution to the problem.

訳例　その課の社員達は、残業してその問題に対する最善策を割り出した（見つけた）。

1.7　one or more は「1 つまたはそれ以上の」か？

例文 23

原文　Chapter 3 can contain one or more tables.

訳例　第 3 章には表があります。

　例文 23 は、第 3 章に表が 1 つまたはそれ以上存在するという意味ですが、要するに表は存在することはするが、その数は問題ではなく、arbitrary、つまり任意であるということです。数が 1 つでも複数でもかまわない場合は、上の訳で十分です。

例文 24

原文　If one or more characters match, this box will be ungrayed.

訳例　一致した文字があった場合は、このボックスのグレー表示が解除されます。

　例文 24 は「1 つでも複数でも一致する文字が存在すると」という意味で、
存在しない場合を排除する表現です。

例文 25

原文　　Use Data Manager to define <u>one or more</u> groups.

訳例　　データマネージャを使って、<u>任意数の</u>グループを定義します。

例文 26

原文　　A competency can be of <u>one or more</u> types.

訳例　　コンピタンシーのタイプは<u>1 つ</u>の場合も、また<u>複数</u>の場合もあります。

　例文 26 では、1 つと複数の場合を比較していると解釈して上の訳に至り
ました。

例文 27

原文　　The program will not run if <u>one or more</u> of the following conditions
　　　　are true.

訳例　　以下のうち<u>少なくとも 1 つ</u>（または「<u>いずれか</u>」）の状況が当ては
　　　　まる場合は、このプログラムは実行されません。

1.8　more than one は「1 つより多い」「2 つ以上の」か？

例文 28

原文　　This symbol indicates that there is <u>more than one</u> absence in a certain
　　　　period.

訳例　　上記のシンボルによって、一定期間内に<u>複数の</u>休暇・欠勤が発生し
　　　　ていることがわかります。

　例文 28 は 1 つではなく、2 つ以上の場合を指しているので、「複数の」が
適切です。わざわざ「2 つ以上の」とする必要はありません。

1.9　independent は「独立した」か？

例文 29

原文　Chapter 3 discusses how to set up the independent financial units within your organization.

訳例　第 3 章では組織内のそれぞれの財務ユニットを設定する方法について説明します。

例文 30

原文　The search number applies to quick searches, which are independent of a job requisition, position or job code.

訳例　検索番号はクイック検索の際に使われます。ロング検索とは関係ありません。

例文 31

原文　This investigation was conducted by an independent organization.

訳例　この調査は第三者団体によって実行されました。

1.10　specific は「特定の」か、specify は「特定する」か？

例文 32

原文　This template makes changes to large groups of members based on specific selection criteria.

訳例　このテンプレートを使うと、特定の選択条件に基づいて多数の会員のデータが変更されます。

例文 33

原文　Enter the employee's specific birth location.

訳例　従業員の出生地を詳細に入力します。

例文 34

原文　In addition to the tables that are shared by all applications, there are tables specific to order management.

訳例　全アプリケーションで共有されている表に加えて、注文管理専用の表もあります。

例文 35

原文　To see what these modifications look like, refer to the country-specific search views.

訳例　こういった変更の内容を確認するには、国別検索ビューを参照してください。

例文 36

原文　You can record details of any incidents involving company cars as specified by the health and safety regulations.

訳例　社有車の事故詳細を安全衛生法規の規定に従って記録できます。

例文 37

原文　Detailed activities are listed for the accounting periods specified.

訳例　所定の会計期間中に発生したアクティビティの明細がリストされます。

2 頻出用語：ソフトウェア関連文書

2.1　deliver は「配達する」か？

例文 38

原文　The form letters we deliver with this product use Microsoft Word for Windows 10 as the word processor.

訳例　本製品に用意されている定型文書では、Microsoft Word for Windows 10 がワードプロセッサとして使われています。

例文 39

原文　To meet the needs of your business, we deliver the Currency Code table with many currencies identified by the ISO standard.

訳例　ユーザのビジネスニーズに対応するため、通貨コードの表には国際標準化機構の規格で指定されている諸通貨が<u>含まれています</u>。

例文 40

原文　The reports <u>delivered</u> with this software are identified by an eight character code.

訳例　本ソフトウェアに<u>付属</u>のレポートには、8 文字のコード名が付いています。

2.2　populate は「居住させる」か？

　この単語は通常、次のように受動態構文で使われます。

例文 41

原文　Japan is mainly <u>populated</u> by Mongoloids.

訳例 A　日本には主に蒙古人種が住んでいる。

訳例 B　日本の主な人種は蒙古人種である。

　ところが、コンピュータ関連の文書では「データをコンピュータに搭載する」という意味で使われることがほとんどです。

例文 42

原文　<u>Populate</u> employee records in the appropriate boxes.

訳例　社員データを該当するボックスに<u>投入します</u>。

　例文 42 はユーザが操作によりコンピュータにデータを搭載する場合です。to populate (a field) with data というのが基本的な使い方ですが、with data という副詞句は頻繁に省略されます。なお、ユーザではなくシステムが自動的にデータをコンピュータに搭載する場合は、次のように訳し方が違ってきます。

例文 43

原文　If the affiliate field is used, the system will populate the pertinent attributes of each affiliate company.

訳例　関連会社フィールドを使うと、各関連会社の属性が自動入力されます。

　例文43の場合、システムが入力するということは、ユーザが何もしなくても「自動入力」されるということになります。

2.3　prompt は「促す」か？

例文 44

原文　When you open the panel, the system will prompt you for an area code.

訳例　パネルを開くと、市外局番を入力する旨のプロンプト（または「メッセージ」）が表示されます。

例文 45

原文　To prompt for a list of valid values, use the F4 key.

訳例　有効値のリストを表示するには、F4 キーを押してください。

2.4　unique は「ユニークな」「独特の」か？

例文 46

原文　The address must be unique and must not duplicate another address.

訳例　他のアドレスですでに使われていない（または「他と重複しない」）アドレスを使ってください。

　unique という単語を英和辞典で引くと「固有の」「独特の」という訳語が載っていますが、特にソフトウェアの使用説明書では普通の会話で使う、いわゆる「ユニークな」「変わった」という意味で使われることはまれです。

例文 47

原文　As soon as enough items have been entered to identify the name uniquely, the system displays the name on the screen.

訳例　　宛先人の可能性が 1 人になった時点で、その名前が画面に表示されます。

例文 48

原文　　You can override the default percent value to make it <u>unique</u> for the particular employee.

訳例　　デフォルトのパーセント値を上書きして、他の社員のパーセント値と<u>区別</u>することができます。

例文 49

原文　　You can define <u>unique</u> fields for each business division.

訳例　　各部門<u>別</u>のフィールドを設定することができます。

例文 50

原文　　The Structure ID is a <u>unique</u> ID assigned to the structure.

訳例　　ストラクチャ ID は、この構造<u>専用の</u> ID です。

例文 51

原文　　Each application employs <u>unique</u> processes to accomplish tasks.

訳例　　タスクを実行する際のプロセスはアプリケーション<u>によって異なり</u>ます。

2.5　主語としての the system、you、the user(s)

　the system およびユーザとしての you は、なくても意味がはっきりわかる場合、日本語に訳出しません。ただし、動作をするのがユーザであるのか、またはシステムによって自動的に処理されるのかをはっきりさせる必要がある場合は、訳出します。

例文 52

原文　　<u>The system</u> performs modification against the employee's work location and establishes the appropriate code based on the work location that you enter.

訳例　ユーザが指定する勤務地に合わせて従業員の勤務地が修正され、正しいコードが設定されます。

例文 53

原文　The language you indicate here is the language that the system uses for future panels displayed.

訳例　ここで指定する言語が、今後パネルで表示される言語になります。

例文 54

原文　You might find that you must add a Country Code.

訳例　場合によってはユーザが国コードを追加する必要があります。

例文 54

原文　The system will expect that you will track inventory items for all departments in your organization.

訳例　社内の全ての課に関する在庫項目を追跡管理することが前提になっています。

後書き

Afterword

　"Influencer" ということばがあります。社会的に、または心理的に多大な影響力を持つ人または事物という意味です。私はこのことばをよく使うのですが、翻訳を論ずるというコンテクストで私が意味するのは「原著者（起点言語の著者）に影響を与える事物」ということです。日本語に訳すとしたら「影響因子」とでも言いましょうか。つまり、翻訳の原文に現れる原著者の主旨、意図、および思考形式を、意識的、無意識的にかかわらず左右する物理的、文化的、および心理的な要素ということになります。こういった要素がどのように翻訳に関連しているのかと言うと、文芸翻訳にも産業翻訳にも該当することですが、翻訳者が原著者の考え方や執筆のくせ、およびその背後にある原因・理由を把握できていると原文の理解度が上がり、結果として翻訳が楽になって翻訳の質が上がることが多いからです。

　たとえば、物理的環境は非常に大きな influencer と言っていいでしょう。アメリカ合衆国の面積は日本の約 25 倍。それに加えて日本の国土の 70% は山がちときては、そこに住む人達の考え方が違ってきても無理はないと思いませんか。また、国土の大きさが原因かどうかはわかりませんが、アメリカの食物や料理は概して大味、それに対して日本の食物や料理は味がきめ細かいなど、比較したら切りがありません。

　気候にしても、カリフォルニアと東京に同じ量の雨が降ったとすると、所詮砂漠であるカリフォルニアではさしずめ「良いお湿り」、東京では「また雨か、うんざり」と感じます。

　物理的要素のもう 1 つの例は身体的特徴です。今日の日本人の食生活がいわば西洋化していることにより、日本人の身体は、たとえば 1 世紀前と比べると変わってきた（身長も体重も増えてきた）と言っても過言ではありませ

ん。それでも、日本人は依然として平均の身長と体重がアメリカ人より著しく低いというのが現状です。これは主に人種による遺伝子構造の違いに起因しているのでしょうが、原因が何であるかにかかわらず、平均身長と平均体重が著しく違う2つの社会では、衣類、食事、および住居に関する文化の面でもおのずと考え方や物事の捉え方に差が出てきます。

　歴史的環境も大きなinfluencerです。200余年にわたって鎖国政策を貫いた日本では、いわゆる「やまと」文化が育まれたと言われています。その反面、日本人は世界事情に疎くなったことも否めないでしょう。日本人のこのようなものの考え方も、この歴史的背景がinfluencerとなっていると思います。一方、アメリカでは、様々な人種が混在している今日においても、宗教の自由を求めて17世紀に植民してきた清教徒達の禁欲的なキリスト教理念が社会の底辺を貫いています。

　こういった環境の違いを翻訳に即して考えると、環境の違いに根づく原著者の考え方、理念、価値観などを熟知している場合としていない場合とでは、結果としてできる翻訳の質が異なってくるとも言えます。

　翻訳は、いわばミクロ的な作業ですが、以上のようなマクロ的な視点から考えることも時には役に立ちます。読者の皆さんも、いろいろな観点から翻訳を見つめると、「ひらめき」が生まれてくるかもしれません。

Michael Neil Brooks（小澤直幸）

参照文献

序文

鍋島弘治朗・マイケル ブルックス（2020）『英日翻訳の技術 — 認知言語学的発想！』. 東京：くろしお出版.

第 I 部
第 1 章

ノア S. ブラネン・澤登春仁（1988）『機能的翻訳のすすめ』. 東京：バベル・プレス.

第 II 部
第 1 章

Chomsky, Noam（1957）*Syntactic Structures*. The Hague: Mouton.

第 2 章

Stevenson, Robert Louis（1886）*The Strange Case of Dr. Jekyll and Mr. Hyde*. London: Longmans, Green & Co.

第 IV 部
第 1 章

Ian Johnson（2005）The Short Proof of Evolution. [http://johnstoniatexts. x10host.com/lectures/shortproofofevolutionlecture.htm 2023 年 5 月 16 日]

著者

マイケル・ブルックス　Michael Neil Brooks／小澤直幸

上智大学外国語学部イスパニア（スペイン）語学科を経て、カリフォルニア大学ロサンゼルス校言語学部卒業。サンフランシスコ州立大学英語学部修士課程修了。同大学の学部・大学院の元講師（翻訳、通訳、日本語）。英日・日英の両方向に翻訳できる数少ない産業翻訳者の1人として独自の翻訳教室を開講、主に北カリフォルニアで活動する。Apple 社などの IT 関連、機械翻訳、ウェブローカリゼーションの各企業で言語学プログラマー、エディター、およびシニア翻訳マネージャを歴任。毎日新聞社、UC Berkeley などの主催による講演履歴を持つ。現在フリーランス翻訳者・講演者。主な著書に『英日翻訳の技術 ── 認知言語学的発想！』（共著）、シリーズ教科書『英日翻訳の技術』（基礎篇、総合篇、実力アップグレード教室）、『ビジネス文書即戦術講座』、および『Fundamentals of Japanese-to-English Translation』『Living English Clinic』がある。研究分野は翻訳論、英語科教授法、バイリンガリズム、および社会言語学。

michaelneilbrooks@gmail.com

英和翻訳の複層アプローチ

初版第1刷 ──── 2023年6月23日

著　者 ──────── マイケル・ブルックス

発行人 ──────── 岡野秀夫
発行所 ──────── 株式会社 くろしお出版

〒102-0084　東京都千代田区二番町4-3
［電話］03-6261-2867　［WEB］www.9640.jp

印刷・製本　藤原印刷　　装　丁　庄子結香（カレラ）